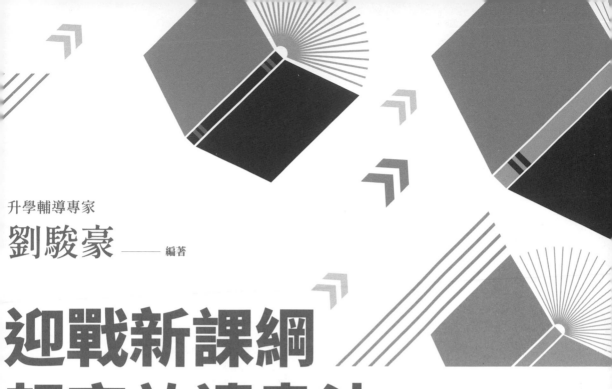

升學輔導專家
劉駿豪 ——— 編著

迎戰新課綱
超高效讀書法

31位108課綱第一屆、錄取醫科考生的
最實用讀書法大公開

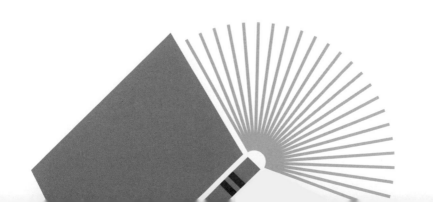

第一章　心態致勝⋯⋯ 015

劉主任話重點⋯⋯ 016

停止負面想法，告訴自己「我還可以」！相信你的心態
改變之後，很多做法就會隨之改變，當然結果也就會變
得更好。

學長姐的必勝學習法

這是一本陪伴的書

嗨！同學們大家好，我是劉主任！

距離前一本《原來讀書可以這樣做》的出版，轉眼已經六年了，同時今年也是 108 課綱上路施行後舉辦的第一屆國中會考、第一屆大學學測及分科考試。

這幾年中接觸了更多的同學、家長及老師們，感受到很多人在面臨學習科目比重調整、大學升學考試制度改變、甚至是準備學習歷程檔案時，焦慮與壓力指數節節上升到破表。我很希望做些什麼來幫助同學穩定心情、找到方法與信心，以面對人生中第一次的挑戰（是的，不要懷疑，後面真的還有無數次）。

於是有了這本書的誕生。

超級感謝書中 31 位同學，在邀請他們是否能談談心路歷程、讀書心得、甚至是如何準備學習歷程檔案的時候，獲得的是毫無猶豫地答應，並且無私的分享。

看完他們圖文並茂的文章，也看到這些同學是如何用當時的自律換得現在的自由（這裡的「自由」，指的是可以更成熟與自信的隨意安排自己的時間、追求自己的下一個目標）。

必須說明的是，雖然這些學長姐現在都成為各大學醫學相關科系的新鮮人，但是本書並無意強調這些校系是唯一或最好的成功指

標，而是想讓同學們瞭解，這些來自北中南地區、不同學校、不同背景的學長姐們，每一個人的故事都非常精彩、每一個人的亮點也都不一樣，同學們千萬不要再糾結於你身處的城市、所在的學校、或是你的家庭，因為這些早已不是重點。

重點在你—自—己。

建議大家在看這本書的時候，就像看電影或小說一樣，先輕鬆的閱讀；然後在看到「有共鳴」或「心有戚戚焉」的情節時，停下來細細思考：

是否他／她遇到的困境似曾相識、他／她又是如何突破與克服的？

是否我跟他／她在這一科的讀書方法很類似、或是選擇了同一本參考書籍？

如果他／她跟我在同一個學校、或是學習的經驗很類似，那麼他／她做到了哪些我還沒做的？

這不是一本教科書、更不是一本參考書。

這是一本陪伴的書。

希望它可以陪伴同學度過這段辛苦的日子，挫折的時候翻翻它、需要的時候翻翻它，讓這些學長姐的經驗談，陪伴你在邁向大考戰場的路上，更有勇氣與信心！

好了，感性的話語說完後，也要提醒同學一點，那就是「千萬不要放任自己在學習上進入『自動導航系統』」！

怎麼說呢？

同學們或許聽過，每個人在日常生活中，都有屬於自己的「自動導航系統」，這是人類在演化上的一個機制。因為我們每天要做的動作、要決定的事情太多，所以大腦會把一些日復一日要執行的動作或決定，轉換為近乎無意識的反射作用，例如穿襪子時先穿左腳、早上刷牙先刷右邊、先喝一口水再開始吃飯……等等，也就是俗話說的「習慣成自然」。

這個「自動導航系統」的目的，其實是可以讓我們省去太多重複的思考跟做決定的力氣，把時間跟精神留給其他更重要的事情。但有時我們也會因為它而重複一些錯誤、或是做了對自己無益的事而不自覺。

不知道大家有沒有注意過，其實在從小到大、上學放學、上課下課的日子裡，你的讀書與學習也好像有「自動導航系統」：每天都跟著學校安排的課程考試走、一拿到英文單字書就從 A 開始背、或是看到困難的數學題目就想放棄……因為大腦會以為一再重複的事情不值得花力氣去思考與改變，你日復一日的讀書考試，就很容易被納入「自動導航系統」中，而你也就一直困在花時間卻沒有效果的學習模式或讀書方法中循環。想想看，這是多麼可惜又危險的一件事啊！

就從今天、就從現在開始，在讀書與準備考試的過程中，請不要、也不能再放任自己不加思索的進入「自動導航」模式！特別是自己花了很多時間精神在讀書、準備考試、卻仍然常常對著成績搖頭嘆息的那些科目，同學一定要「有意識的」從每一個小地方做出改變，用新的態度、不一樣的方法，打破舊的自動導航系統帶給自己的困境與迷思，那麼你就已經有了一個邁向成功的開始。

接下來的時間、本書裡的寶藏祕笈、與人生未來的精彩章節，就交給你了！

第一章

心態致勝

劉主任話重點

「懷著信念作戰，等於擁有雙倍的裝備。」——柏拉圖（Plato）

不知道同學們還記不記得，自己第一次在學習上碰到困難或挫折的時候，心裡的感受與反應是什麼？（例如：第一次數學考試考砸了、或是學騎腳踏車摔倒擦傷⋯⋯）

是被打趴之後想就地躺平、覺得自己真的不行了？還是沮喪一兩分鐘後就想站起來繼續努力？

其實你的反應，跟你的心態很有關係！

知名的史丹佛大學心理學教授卡蘿・杜維克（Carol S. Dweck）在幾年前提出了思維模式的二分法，把人的「心態」（mindset，也有翻譯為「心智模式」）區分為「固定型」心態（Fixed mindset）與「成長型」心態（Growth mindset）：

具有固定型心態的人，相信人的聰明才智都是生下來就已經決定好的，就算再努力學習，也沒辦法變得更厲害。於是固定型心態的人會傾向於避開挑戰或困難的事、面對挫折也容易直接投降。（固定型心態的代表性OS：「我放棄了！我真的不行、這個太難了、我不可能做得更好⋯⋯」）

擁有成長型心態的人，則相信人的大腦跟肌肉一樣，是可以經由

鍛鍊變強的,他們比較願意學習、相信努力就可以做得更好、就算遭遇挫折時也會堅持不放棄。(成長型心態的代表性OS:「我來試試別的方法、我可以做得更好、我再堅持一下就會成功……」)

有趣的是,杜維克教授在大量研究了全世界的學生、奧運選手、音樂家及企業家的心態與他們的表現後,歸納出一個結論:擁有成長型心態可以讓人在幾乎所有事情上都更加成功。她的發現與結論激勵了很多人願意從心態上去改變,進而事半功倍,後續在學習與事業上確實獲得顯著的改善與成功。

所以,我也想在這裡鼓勵大家,下次在面對沒做過的難題、沒信心的科目、或是考試失利,發現固定型心態偷偷跑出來想叫你逃避或放棄時,不妨深呼吸一口氣,先**停止心裡那些負面想法**,再告訴自己用「**我還可以~**」來造句:

「**我還可以**找別的方法再學一次……」

「**我還可以**看看別人怎麼做……」

「**我還可以**再花一點時間……」

「**我還可以**做得更好……」

相信你的心態改變之後,很多做法就會隨之改變,當然結果也就會變得更好。

接下來看看這些優秀的學長姐分享的經驗,你應該會發現,在每個成功的故事裡,都能找到隱藏版的成長型心態,也就是他們都想解決問題,讓自己再往前踏一步!

在108課綱下
我這樣學習……

羅淮謙__新竹高中 ▶ 陽明交通大學醫學系

　　新舊課綱交替之際，往往是學生與家長感到最茫然的時候，我和家人也不例外。猶記得剛上高一時，無論是同學、老師還是家人，都對於學習歷程、自主學習等名詞摸不著頭緒，也不知道該以什麼樣的內容和形式呈現學習經歷，更無從得知新式學測的訣竅為何，當時徬徨又難以求助的感覺仍記憶猶新，也因此希望能藉著這個機會，將個人的經驗分享給學弟妹。

　　在接下來的內文中，我將分成高中三年的學習經驗、學測準備和第二階段面試心得三個部分來呈現。

**在高中三年的學習中，
我們可以做什麼？**

　　108課綱乍看之下似乎將高中學習弄得十分複雜，然而，因應之道其實就只有簡單的一句話：「把每一個當下做的盡善盡美。」亦即把每份作業、每次實驗認真記錄，每個考試全力

完成，最後以歷程紀錄和成績單展現出自己的學習表現與恆心毅力。

首先就學習歷程而言，其實又可分為課程學習成果、多元表現兩個最主要的部分。

在課程學習成果中，主要的內容為校內課程的成果，製作時未必要找尋困難花俏的主題，更重要的是妥善的在歷程檔案中，向大學端展現自己如何從選定主題，到找尋資料，最後進行實作並克服困難的過程，並且有脈絡地呈現自己的思考過程，以及如何做得更好。

而多元表現則是以校外競賽和各式課餘活動為主，在這個部分中，切勿為了取得資歷，而盲目的報名參加活動，較有效率的方法是先透過網路資料、個人性向探索等方式，鎖定一個未來可能發展的大方向，再從中參與相關的活動或準備競賽，如此方能讓自己的歷程不被一堆天南地北的活動塞滿，最後無法呈現自己的興趣探索。

除了學習歷程之外，學業的學習更是一個不可或缺的部分，畢竟以現行的制度而言，如果成績無法達標，前述的準備工作仍是一場空。

因此，個人的建議是必須盡力維持良好的在校成績，一來可以為學測打好基礎，二來又可以在申請大學時有一個好的門面，可說是一個十分重要的環節。

總歸而言，好的在校成績絕對是升學之路的一大利器，而學習歷程就像是錦上添花一般，讓自己能在學測成績的比拚之外脫穎而出。

如何有效準備學測？

108課綱十分重視學生的「素養」，其實就是從文本中擷取重要資訊的能力，這樣的宗旨可以在考題的長度中得到驗證。舉例而言，在自然科或國

文科的學測中，一個題幹佔了半頁、甚至整頁A4紙都是常見的狀況，為了避免因冗長的題幹造成時間的窘迫，閱讀速度與答題速度就成了至關重要的能力。

首先，培養閱讀速度，一個不錯的方式就是看紙本報紙，如此不僅可以挑選自己有興趣的主題，也能熟悉紙本閱讀的感覺，貼近實際考試的狀況。

至於如何增加答題速度，購買複習講義、大量且重複的刷題，也是一個不可或缺的環節，畢竟要在有限的時間內，回答設計過的考題，我們就必須要對考試範圍內的各個觀念確實理解，才能在考試時觸類旁通，而不落於每個題目都要從頭想起，或是數理類的題目從基礎公式去硬推爆破的窘境。

以上兩點乍聽之下或許不易理解，在實際執行時也未必能立竿見影，但若能持之以恆地進行，或多或少都能取得一定的效果。

二階面試和備審準備

在經歷學測的洗禮之後，接踵而來的是第二階段的考（面）試及備審資料的審核。首先，筆試部分是屬於一翻兩瞪眼的環節，準備多少通常都會體現在最後的成績單上。因此，多多向學校、學長姐索取歷屆考題並勤加練習，便是學測後應該盡早開始的準備動作。

面試和備審資料撰寫，則是一個難以捉摸卻又能夠以一貫之的環節。在撰寫備審資料時，切勿將自己形塑成一個超人，比如十八般武藝樣樣精通等等，而是應該以現有的資歷，呈現出自己是一個怎麼樣的人。

在面試部分，除了依據自己的科系去準備相關面試題目外，一個重要的準則就是：不要嘗試說謊來包裝自己，又或

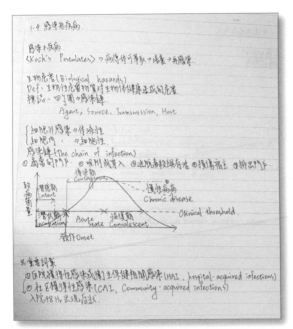

每次的作業和實驗，
我都會認真記錄，
每個考試也都全力完成。

是企圖揣摩教授希望聽到什麼答案；相反的，應當如實呈現所具備的知識與想法，讓自己的答案聽起來誠懇且自然。

　　以上三點是個人在求學過程中感觸深刻的幾個事項，希望能夠透過這篇心得幫助到大家，也感謝讀者撥冗閱讀。

穩定心態
訂定讀書計畫
穩紮穩打

吳沛璇__臺中女中 ▶ 臺北醫學大學牙醫學系

我是吳沛璇,畢業於臺中女中,111學測應屆考上臺北醫學大學牙醫學系。以下跟大家分享我在高中三年的讀書方法。

找到適合自己的讀書方法是獲得好成績的關鍵

高一與高二時,我並不是上課非常認真的乖學生。我認為每個人都有自己的讀書方法,並非全程專注聽講才能獲得好成績。我個人屬於理解速度快的類型,因此常在老師講解完大致的概念後,便開始自己做題目。

透過做題目,我能更快速理解概念和可能的變化形式;比起全程專注於聽老師講解,這樣的學習方法對我來說更有效率。

但如果是理解速度較慢的人,我不建議使用這樣的方式,因為在尚未瞭解概念的情況下貿然做題目,不但沒辦法快速理解,反而會一錯再錯,導致學習效率低落。因此找到

適合自己的讀書方法，才是獲得好成績的關鍵。

同樣的，課後複習也仰賴個人的讀書步調。以我自己為例，我不會盲目跟隨學校或同儕的進度，而是制定個人的學習計畫，將大量時間用於加強較弱的單元或科目。

當進度落後時，我也不會感到驚慌或為了趕上進度而囫圇吞棗。儘管學習的路上有人一路領先、有人稍微落後，但我相信只要穩定自己的心態、按照自己訂的讀書計畫，穩紮穩打，最後都能獲得良好的讀書成效。

高三要調整讀書習慣
兼顧學校進度與複習學測

升上高三之後，不僅要顧及學校的進度，同時還面臨著學測的壓力，因此我調整了自己的讀書習慣。

複習學測最重要的是制定讀書計畫。我在升高三的暑假規定自己，每天都要寫國文、數學、英文、生物、物理、化學、地科的複習講義各一個單元。

每天的進度訂定好之後，就會有一個堅持一定要達成的目標，支撐著我完成龐大的學習量。藉由這樣的讀書計畫，我在暑假就將學測考試範圍全部複習了一遍，之後就開始大量做題目。

做題目的重點不在寫對幾題，而是改正錯誤的觀念，因此我會在寫完的一週內，再將錯題複習一次，這樣才能把正確的知識留在腦中。

開學後，我將平日三分之二的時間分給高三進度，剩下三分之一用來複習學測，假日則專注在學測上。

因為有兩邊的學習壓力，我遇到不懂之處時會更積極的尋求幫助，並且盡量在當天就解決疑惑，以免干擾學測的複習。解題的管道有很多種，像

是請問學校老師、同學、線上學習群組等。此外，補習班也有解題老師幫我解決繁多的問題。每個人可以評估自己的能力，來選擇適合的解題管道。

及早開始準備
就能度過倦怠期

準備學測時間的時間長達半年，長時間的衝刺必定會有疲乏的時候。我在十月多進入了讀書倦怠期，沒有精力讀書，卻又擔心一時的鬆懈會影響學測成績。現在回想起來，其實只要夠早開始準備，讀書時間便可以彈性一點，暫時的放鬆也未嘗不可，不必把自己逼得太緊。

至於手機的使用時間，我並沒有刻意約束。手機是我學習的管道之一，用來線上討論、搜尋解題方法、查英文單字；同時也是放鬆的媒介，讓我在緊繃的學習時間之餘，能獲得短暫的娛樂。

如果擔心自己不夠自律，可以下載 YPT（讀書時間）之類的 APP 來限制手機的使用，也能和有共同目標的朋友互相督促。

透過學習歷程
讓教授看見你帶著走的能力

除了學測之外，108 課綱考生最有感的應該就是學習歷程了。因為我們是第一屆，不管老師或學生都只能透過坊間的猜測或大學教授的分享，慢慢摸索大學端期待看到的模樣。這也導致許多學生在高三時才瞭解到自己作品有太多不足，而面臨重新製作、上傳學習歷程檔案的窘境。

經過三年的摸索，我認為學習歷程做為一項活動或課程的學習紀錄，除了目的、過程、結果和心得之外，更重要的是面對困難的解決方法及學習過程中的收穫，也就是「反思」。

　　透過反思，能讓教授瞭解這並不是一份做完就結束的作品，而是學生真的有從中帶走和能夠學以致用的收穫。另外，我建議在學習歷程中以顏色或粗體適當標示重點，能避免教授對冗長的文字感到疲勞，也可以一眼看出學生想要強調的部分，來達到引導閱讀的目的。

　　以上是我高中三年的個人學習經驗，希望對108課綱的學生能有所幫助，也祝福每個人都能獲得理想的成績。

你有多想達到目標，就必須有多自律

符芷瑄__港明中學 ▶ 臺北醫學大學醫學系

在決定重考前，我跟大部分的高三生一樣，對未來無限的未知感到茫然，只憑著對學測倒數的恐懼和即將來臨的解脫期待，勉強支撐著努力。

本來以為學測結束後、伴隨著是一切落幕式的放鬆，但因為成績不如預期，又不甘抱著遺憾與妥協走向未來，好像也必須要再給自己一次機會。

只是，面對未知的新課綱，可能有截然不同的考試內容與考試方式，這樣的挑戰是我從來沒有想過的。

我適應著隻身在外地的重考生活，學習處理自己的情緒與心態，並且徹底改變了原先的讀書方法，重新開始學習。其中，我做了不少改變，有幾項是我認為對自己較有幫助的：

有了想努力的目標
就沒有什麼自己做不到的事

很多時候，我會覺得讀書缺乏動力，提不起勁好好努力，因為不知道自己要什麼，

這時我會逼自己正視到底有多想達到這個目標，因為有了想努力的決心，比任何人的逼迫和鼓勵都來得有效。真的下了決定並去實踐的剎那，就會感覺自己沒有什麼做不到的事。

在這一年裡，我發覺到自律的重要性，能發自內心的屏除誘惑，督促自己起床、讀書、犧牲娛樂、睡眠，儘管現在這份態度是運用在讀書上，相信在未來必定也會有許多受用的時刻。

當時我在手機裡建了一個叫做「心靈雞湯」的相簿，我在裡面存下各種激勵自己的標語，不論是網路論壇、書籍、與親朋好友的聊天紀錄、社交軟體上看到的話，只要覺得對自己有幫助的話都記了下來。

我也會看一些勵志熱血的影片，在情緒低落或疲憊時就拿起來看一看，並從中獲得動力。「the dodo men」是我很喜歡的 YouTuber，他們影片裡有一段讓我印象深刻的話：「沒有一個目標或夢想是不用犧牲任何事情就可以達成的。如果你覺得自己沒辦法犧牲這些事來達成你的目標，那就代表這個目標對你來說不夠重要」。

考前，我們心中總會有很多焦慮，怕自己失常、怕睡不著、怕題目太難，但真正考試時，我只告訴自己，不管怎麼樣，life goes on，我的人生不會停滯於此，日後還是會有很多精彩和快樂的時刻，讓自己放鬆心情，保持平常心，遇到不會的題目也不會一直想著「完蛋了、完蛋了」而緊張錯亂。

透過大量做題目
找到自己讀書盲點

在讀書時，我會一邊看著文字一邊大略記下重點，並在心中不斷追根究柢地拋出問題，問自己：為什麼這裡要這樣解題？為什麼是這個觀念？為什麼這個公式不能套用在另

一個地方？

　　把問題寫下來，一有時間就想辦法解決，無論是問老師、問同學、上網查閱資料、看影片解答等等都可以，在問題慢慢解決後，對觀念的瞭解也會少很多盲點，讀起來也會比較有信心。

　　我認為大量做題目是很有幫助的，因為平時看著書很難知道自己哪個部分有讀進去，哪個部分能真正運用，但寫題目的時候，對錯非常一目了然。

　　在檢討題目時，我會拿一張活頁紙，標註每個題號，一題一題、一個一個選項的看，對的要知道為什麼對，錯的要知道怎麼改才對，以免有任何不會但被忽略的觀念，也可以順帶複習這張考卷沒有的概念。

　　雖然這樣的方式會耗費不少時間，但這對我的自然科幫助非常大，也讓我的其他科目變得穩定。當每一個選項都不再有模稜兩可的空間時，心裡就會踏實安心。

　　準備考試的期間，我偶爾會跑出去吃頓美食、或去公園晃一晃，我認為只要是可以放鬆心情、不會帶來疲憊或罪惡感的活動，偶爾還是可以參與一下，不要把自己逼得太緊，反而讀不下書。話雖這麼說，但我大部分的週末時間都還是乖乖地讀書自習，雖然腦袋裡可能時常在想別的事，甚至在放空或打瞌睡，但至少坐在書桌前會給自己一種「我很認真」的感覺。

　　其實考試也不是如此枯燥乏味，除了埋頭苦讀以外也有不少好笑、荒謬、崩潰、感動的瞬間不斷上演，能與志同道合的好朋友為了理想共同奮鬥，能學會感謝身旁的人事物，會更接近真實的自己一點，也是別具意義的生命體驗。

自我對話
建立自信心

　　要達到夢想中的分數或目

標，並不如想像中的輕鬆，分數伴隨著期待，申請伴隨著不確定性，不論是考試或練習面試時，也曾有許多自我懷疑與不自信的時刻，但每次低落時，就更認真給予自己肯定，因為儘管辛苦、疲憊都沒有因此放棄的自己，真的值得鼓勵啊！

在準備考試的時候告訴自己：「我都這麼認真了，不可能考不上的！」

在對著鏡子練習面試的時候，跟自己說一聲：「你超棒！你做得到！」

這些自我對話都能讓自己多一些信心。

此外，在練習面試時，多找不同的人對談，讓他們誠實告知你說話以及態度上的優缺

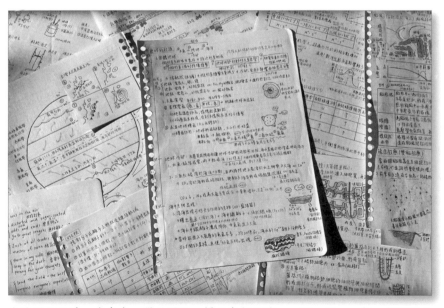

在檢討題目時，我會拿一張活頁紙，標註每個題號，一題一題、一個一個選項的看，對的要知道為什麼對，錯的要知道怎麼改才對，以免有任何不會但被忽略的觀念，也可以順帶複習這張考卷沒有的概念。

點，並以此發揮、改進。對自己有自信，表現熱忱及笑容，必定會遇見欣賞你的教授。

當一切都結束的時候，以為會有「啊」的relief（解脫感），但實際上沒有，只在回想起整個過程時有一點點的鼻酸。

重新刷了刷以前相簿的照片，看著那一堆鼓勵自己的心靈雞湯，還是滿感動的，畢竟這可能是我第一次那麼想要並達到一個目標吧！

時間真的是一個很酷的東西，會逼你在時間內成長，然後也會讓一切落幕。

在看不見盡頭的黑暗隧道徘徊了不少時間，現在終於探出頭了，我發現考試之餘的世界好大好漂亮，值得我在達成目標後好好探索。

最後，我也希望，無論未來的生活是什麼形狀的，我都能記住這一年的堅持，帶著熱忱與勇氣走下去。

和同學互相鼓勵，
一同面對影響人生的大考

粘竣凱__彰化高中 ▶ 臺北醫學大學醫學系

我一直覺得有機會追逐夢想是很幸福的一件事。

真正開始調整心態和準備讀書計畫，要從大考前一年的暑假開始說起。

突然其來的疫情使我們開始在家中閉關，面對應該要開始準備的大考，身為108課綱的白老鼠，我感覺自己好像要獨自面對這些壓力。這樣的處境讓我開始焦慮，甚至反應在我的身體感受上，即使看了很多次醫生，胸悶的不舒服感仍在每天夜晚干擾我的入眠。

但似乎只要和同學多交流，我的孤獨就會消失不見；同時為了增進自己的讀書動力，我開始和同學相約讀書，用手機的讀書APP紀錄彼此念書的時間。一開始，我們都很喜歡這樣的氛圍，但漸漸地，讀書時間的比賽變成了我們壓力來源的一部分，原本立意良善的合作開始變了調，大家開始感受到額外的壓力，這個提議也因此慢慢消逝在我的日常。

相信自己，相信同儕
彼此鼓勵，齊步努力

而面對這樣的人生大考，我和同學當然也開始製作自己的筆記，但每個人適合的讀書模式不同，筆記的製作技巧也不同。就我而言，我會在讀了複習講義後，整理自己覺得比較難的觀念，配合圖片和心智圖，協助自己的記憶。

我也會製作錯題本，但我只把自己做過的錯誤題型或覺得觀念仍不清楚、常考題記錄在活頁的筆記本上，做成一本專門針對大考的活頁筆記本。

然而，我看到同學用截然不同的方式製作筆記本，難免認為別人花很多心力在製作筆記、認為自己不是屬害的那一個，而這樣的感覺似乎讓我們不願主動分享自己接觸到的學習方法，我會感到擁兵自重的肅殺氛圍，不像是夥伴合作的感覺。

在IG上，我看到北部的學生組成讀書會，分享彼此覺得重要的知識或領悟到的讀書技巧。但就我而言，我感受到的是大家各自讀各自的，有點失望這樣的情況，甚至影響了同學彼此的友誼。

後來慢慢瞭解原因何在，我們身為在彰化的學生，其實多少有些自卑，而這樣心態體現在我們怕被別人學走什麼而成績被超過；其實當我們足夠強大、足夠自信，就能放寬心，彼此鼓勵面對影響人生的大考，而這些心態都需要慢慢調適。

朝著頂大的夢想直跑

大考準備中，追求夢想的心願是讓我能堅持專心下去的原動力。

從那些讀書頻率逐漸增加的過程中，每次模考、段考、競賽輪流轟炸的日子中，都想著自己是不是有機遇能抓到那

絲好渺茫的光。

其實一直都不是想說說、打打嘴砲而已，也不是只是想說那是學業的頂端而覺得很虛榮，每次跟別人說到或聽別人提及想去頂大的夢想，都覺得自己好像遠遠不及那個殿堂。看到大家的數學都能穩穩得分，看到班上同學的英文都狠甩我好幾條街，看到有同學上了大學仍比我努力的讀學測，看到建中科學班學長的畢業文說同學們都去了哪些國外大學，看到同學仍在認真的背影。

回過頭來，到了自己驗收實力的時刻，踏入考場、拿起筆、面對號稱素養滿滿的大考考卷，腦內一閃而過的都是那些曾經奮鬥的夜晚、那些承諾自己的約定，還有自己刷的各

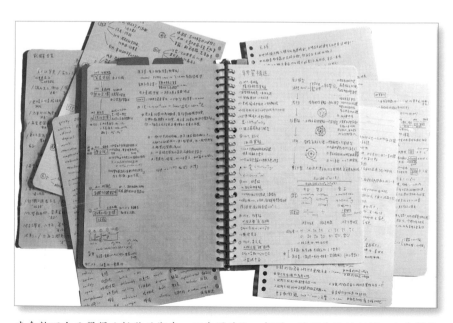

我會整理自己覺得比較難的觀念，配合圖片和心智圖，協助自己的記憶。也會製作錯題本，但我只把自己做過的錯誤題型或覺得觀念仍不清楚、常考題記錄在活頁的筆記本上，做成一本專門針對大考的活頁筆記本。

式各樣的題目，振筆疾書，盡人事、聽天命。

面對大考，我學會……

我們同學間都笑稱108課綱是「通靈課綱」，考古題從來沒有的混合題組的答案總會出人意料之外，模擬考中的、練習卷中的、複習講義中的，都是一大堆根本都想不到的回答方向。

我們也笑稱「學習歷程」是超級軍備競賽、美術比賽，要想出自己從參加過的活動中體悟了什麼？其實多數人也只是寫在表面上。真正撐過去之後，驀然回首，才發覺這一切都是讓我成長的養分。

面對大考，我學會妥善規畫自己的時間和培養專注力；

面對學習歷程，它讓我找到自己的追夢初衷，我自己的人生想活成什麼樣子；面對108課綱的素養考題，我能在文字間找到情感、重點，大考中的題目也很有邏輯，不會是比誰家廟比較靈。

有人說，在考試前的一切都默默的訂下了結局，是家庭的薰陶？是學校的激發？是同儕的互助？是自身努力和天分？這一些都潛移默化的影響著所有的自己，進而引向了各種路徑，像是在彈珠台上四處撞擊，在旁者碰撞下激盪出一條路，也像是涓涓細流順著周遭的形勢流淌往既定的所在，所以，放手去搏吧！為了一賞頂峰的光輝。

相信自己有無限
的可能性

鄭又寧 __ 衛道中學 ▶ 臺北醫學大學牙醫學系

望著倒數日曆上逐漸減少的數字、盯著一疊疊厚重的參考書不知從何下手……

一年前的我,和所有高三生一樣面臨身分的轉換——成為一位「學測戰士」——不禁對未來的挑戰感到不安、懼怕。

或許你/妳也正經歷這個徬徨無措的時期,希望我的自身經驗能提供一些想法與幫助。

可以沒有目標
但不能沒有動力

我認為高中時期不確定自己要讀什麼科系是再正常不過的,我自己當初也是如此,以醫學系為目標,但也不確定自己是否有興趣。

然而即便沒有明確目標,還是要找到動力督促自己將學測考好。畢竟好成績等於有更多選擇權的門票,等學測考完再選擇,其實也不遲。

動力可以是想贏過同學的心,或是模擬考進步的自我肯定,甚至是獎勵自己的一塊蛋

糕，總之要不斷維持能讓自己讀下去的能量。

我自己當時會和同學約去圖書館讀書，看到身旁的人和自己一起努力，也會有能量繼續奮鬥。

無論是生活習慣、讀書方法，永遠沒有「正確的」，只有「最適合自己的」。

舉例來說，備考時期，我的instagram沒有關版，因為對我來說，滑限時動態也是一種紓壓管道。然而有些人覺得社群網站會使自己分心，因而選擇關版。兩種作法皆無對錯，只要有益於自己備考就是好的做法。

因此，要多方嘗試並調整，可以參考身邊其他人的做法，然後檢視對自己是否有成效，最終保留適合自己的模式，並維持這樣的模式備考。

有系統的整理知識才能有效率的記憶

學測期間需要記憶的內容多而繁雜，因此需要找到有條理的筆記整理法幫助記憶，而依循的條理可以根據考試需求及資料特性著手。

例如：我會將同義的英文單字整理起來，不僅方便一併記憶、比較，作文需要用到這個詞彙時也能不斷替換單字。

又如：我在整理科學史時會依照歷史順序排列，這樣就能理解前人的發現如何影響後人的研究。

筆記是輔助自己記憶的工具，所以自己整理也會比抄寫他人的更有效。

刷練習題和知識的記憶都是複習時重要的環節。

練習題目時，檢討比拿到的成績還重要。我會要求自己題目中不懂的，檢討完就不能再忘。

例如國文、英文，我有一本筆記本整理題目中不會的字音字形、成語及單字。模擬考前，我就會著重複習這本筆記。

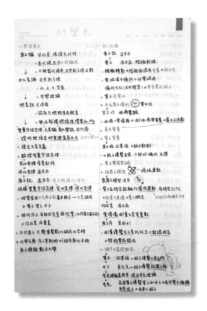

我在整理科學史時，會依照歷史順序排列，
這樣就能理解前人的發現如何影響後人的研究。

數學及自然科的檢討則著重觀念的釐清，我會找出自己是因為哪個觀念不熟導致題目寫錯，並再次複習那個觀念所連結的單元。練習配合訂正及再度熟悉知識，才能讓學習效益提升。

同學是最好的戰友
家人是最強的後盾

我曾經以為備考期間就是沒有任何娛樂與放鬆時間，整天都應該要讀書，自己經歷後才理解

休息與學習其實同等重要。

以我而言，我讀書的地點是學校和圖書館，回家則完全進入放鬆狀態，讓自己再次蓄能。

以地點清楚劃分讀書與休息，是讓自己不會混淆兩者的方式。

而休息時間，我會避免進行容易沉迷的娛樂，才不會浪費過多時間。

考試雖然是孤軍奮戰的戰場，但準備期間的你不是孤獨的。不要把同學當作敵人而吝嗇

給予幫助，相反的，應該要與同學培養相互指導、扶持的風氣。

我當時會和同學交換批改國文和作文，互相提出修改建議；多看別人的作文也能提供自己不同的想法，達成雙贏的局面。

而與家人的相處方面，家人們一定是支持你考取好成績，只是表達出來的方式到了接收者那頭，或許就轉化成了壓力，因此溝通相當重要。

以我自己為例，我不喜歡被家人催促去讀書，因為覺得自己在學校和圖書已經讀得很認真了，回家想休息。因此我和家人提出這樣的想法，也答應給他們看讀書計時程式的時數，讓他們能安心。

和家人的協調並非「我是考生，你們都要配合我」，而是找出雙方都能接受的平衡點。

最後，我想勉勵所有考生，相信自己有無限的可能性。

曾經的我，班排名在中後段，數學模擬考也一直在低分徘徊，然而在學測卻發揮出最佳狀態，有幸考取不錯的成績。

或許你的模擬考沒有一次考到自己滿意、在校成績也不亮眼，但你要告訴自己，那都是過去的我，現在的我經過檢討改進及持續的努力，絕對能一直進步。

祝福所有學測戰士，大家都能懷著堅強的信念走過這段備考的日子。

第二章

設定目標

劉主任話重點

> 「若你不知道目標在哪，那麼『你在哪裡』根本不重要。」
> ——《愛麗絲夢遊仙境》by 路易斯・卡羅 Lewis Carroll

現在的大學考招制度，呈現一個多管道並存且互相影響（牽制）的狀態，或許有家長覺得每一個管道都很難瞭解，但往好的方面想，卻真的幾乎是「條條大路通羅馬」。

我們現在出門只要給 Google Map 一個「目的地」，它就能帶你走最好最快的路；升大學也是一樣，自己絕對不能沒有「目標校系」，否則你不但會走得不踏實，也很容易在緊張與壓力下感到迷失與挫折。

或許你羨慕很多人因為有了目標，而能下定決心前進（本書中也有很多這樣的例子），但是自己卻好像總是沒有目標、沒有想法，也提不起動力向前？我建議同學可以順著這些想法來幫助自己設定目標：

一、先找到內心的渴望！

花時間思考一下，
自己比較有興趣的領域是什麼？

未來想過怎樣的生活、做什麼樣的工作？

如果完全沒有想法或不知從何開始，可以試著找出一、兩個榜樣人物，這個榜樣人物可以是你在新聞報導或專訪文章裡看到的人物、也可以是你身邊的親友鄰居、甚至是學長姐、師長……等等。從他們的故事與經驗中去找尋一些靈感，或許你就會慢慢的開始覺得：

「啊，這好像是我以後也可以做的事情。」

「我覺得那樣的生活非常有趣！」

「成為他那樣的人、可以從事那樣的工作，好像真的很有意義……」

然後再去蒐集整理一下這些人物的共通學經歷，就會看到大概的方向。

二、拿掉自己的害怕！

我看過很多同學用「刪去法」，也就是避免選擇跟自己「弱科」相關的科系。這雖然是很「務實」的一種方式，但我想提醒同學的是，過去的學科成績好壞，並不完全反映你對這個科目的能力，而大多時候只是反映出你的學習方式或讀書方法可能有問題，甚至可能單純只是因為「時候未到」，你的大腦還無法有效地吸收或理解這個學科的相關知識內容，而且在尚未全力以赴之前的表現，並不能代表什麼？

三、勾勒出一幅美麗的圖畫！

若看到美好的果實，會帶出許多成功的條件，就如積極進取、做事不間斷、不輕易浪費時間、面對困難會想辦法、專心且補充自己的不足之處……等等，甚至連生活中不易分出輕重的優先順序，都將重

新排列正確。說穿了，這股「多想要」的力量是非常驚人的！

　　還有一件事要提醒，目標設定是放在心裡，絕不要對外大聲嚷嚷，那樣可以減少外來干擾。旁人的意見一多了，不但會激動自己的情緒，還會讓好不容易建立起來的堅定信念被搖擺。

因應108課綱，
我改變了讀書法

賈子謙＿建國中學 ▶ 臺灣大學醫學系

身為108課綱第一屆的白老鼠，相信每一位同學都和我一樣手足無措。高一都拿去玩手機，沒成果的自主學習、急忙送出認證沒改到錯字的學習歷程檔案、以及讓人摸不著頭緒的加深加廣選課，在種種變革下，我想要以自己的經驗，和大家分享我一路上的心路歷程和讀書方法，希望能盡一己之力，幫助更多找不到方向的學弟妹們。

關於讀書方法是老生常談，所以我要提到的讀書方法是自己因應108課綱所做出的改變。

加速自己的閱讀速度
大量練寫閱讀測驗與混合題

第一個是閱讀理解，108課綱強調的素養導向和閱讀理解，使得每一科的題目都變得落落長。在這樣的趨勢下，我開始嘗試加速自己的閱讀速度，以免有題目寫不完的情形。

另外，像是國文科的閱讀測驗比重也慢慢變多，我在複

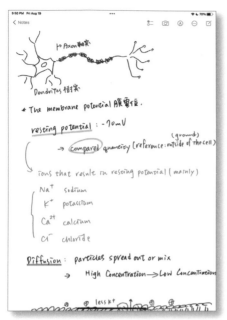

不一定要遠離3C產品，像是直接在iPad上面計算、做筆記、反覆練習題目，都相當方便。但要有自制力，不可沉迷在網路社群或打遊戲。

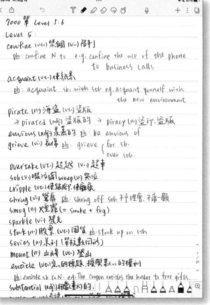

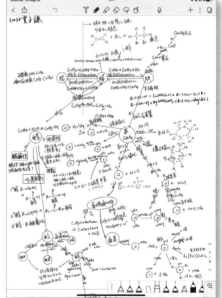

習國文科時，也減少了如國學常識需要等死記硬背的比重，將大部分時間花在寫閱讀測驗（固定每天寫好幾回，直到學測前都不間斷），結果我發現不僅僅是國文的成績有進步，其他科目如社會、自然也進步了不少，推測是因為有成功抓到108課綱素養化、大量閱讀的導向。

第二個我推薦因應108課綱的讀書方法便是多練習混合題，這個部分是來自我自己的慘痛經歷。

在學測前，學校小考時常遇到手寫題，同學交換改的結果就是互相放水，導致我一直自我感覺良好，覺得自己的混合題應該沒問題，殊不知學測成績一出來，發現自己的國文混合題中，許多4分題甚至只拿了1、2分，自然科混合題也沒有如預期的全部拿分，多少都被扣了一些，加總起來滿驚人的零頭。因此如果能回到高一、高二，我會多多練習混合題。

目前我看到市面上已經有滿多只有混合題的參考書，很推薦學弟妹們可以買來寫寫看，並且參考一下解答的給分標準（這很重要！閱卷老師並不是靠感覺給分，而是有一個固定客觀的評分標準）。

在大量練習下，可以成功抓到寫混合題的手感，以及參考解答想要的方向。

學習歷程呈現「你自己」 善用自己的優勢

而關於眾所矚目的學習歷程，對大部分人仍是一團謎。依我自己的經驗來說，呈現「你自己」比呈現「你想要教授認識的自己」還來得重要許多。

我在面試臺大醫學系時，交出的備審資料（108課綱改稱「學習歷程檔案」）中，除了必要的課程學習成果（和該堂課所學相關的作品展現）外，我的多元表現中絲毫沒有放任何的競賽、科展、小論文或獨立研究

的成果。因為我是普通班的學生，在這些專業項目上原本就輸人一截，但我懂得充分利用普通班有的優勢，也就是有更多的時間可以參與社團、體驗不同的事物。

因此我在多元表現中提到了許多我擔任建中管弦樂社社長的經歷和學到的處事原則；在高一時有幸接待德國國際學生時，我擔任隊輔的心路歷程和成果；以及我和三五好友組成室內樂團前往醫院、長照機構和自來水園區等，公益演出的想法和收穫。

在面試過程中，教授果不其然的詢問到關於專業知識的問題，相信我回答的一定沒有像數理資優班、科學班同學一樣好，但是問到關於個人題時，教授問了我許多關於社團經驗的問題，我很自然地侃侃而談，和他們分享一路走來的心路歷程。我想就是因為這份真誠和熱情打動了教授，讓我

在面試的成績絲毫不遜於特殊班的同學。

因此，我認為教授並非只想要錄取某一種特質或能力的學生，重要的是：學生們應該完整呈現真實的自己，讓教授決定這個學生適不適合進入這個系所就讀，過分的修飾或假裝，反而很有可能被教授識破而弄巧成拙。

在文章的最後，我想要幫各位還在迷惘中的考生們加油打氣。身在108課綱剛登場的時代，每個人或許都有幾分心有餘而力不足的慨嘆，而我自己其實也是這樣一路走來的。不用想太多，放手去做，朝著自己的夢想努力，回首後，你會發現這些原先看似折磨的苦難，是幫助自己成長的養分。

不盲從「典範人物」 找到適合自己的 讀書節奏和作息

池霙綺__興大附中 ▶ 中國醫藥大學中醫學系甲組

我在應屆時，國文差一級分，賭輸繁星推薦，飲恨落榜，從此踏上重考之路。今年學測有幸只掉一級分，還請容我發表些淺見。

什麼時候做什麼事

課前： 建議先看過課程大綱、章節目錄，瞭解課程編排與教學脈絡，簡單來說就是「知道接下來要幹嘛」，讓自己先熱身。行有餘力可以預習上課要教的內容。

課中： 上課時務必認真「聽講」，先聽課再抄板書。很多解釋性、連結其他概念等的內容，老師不一定會寫在黑板，而這往往是更上一層樓的關鍵細節。此外，別再把板書、講義內容條列式抄下當筆記，因為抄再多都不會內化成自己的武器，虛假的成就感褪去後，只會發現是在浪費時間，融會貫通才是要點。

課後： 複習上課內容時，可以透過心智圖的方式一邊回

憶內容，一邊連結概念。該畫的圖、該推導的公式一定要自己親自做過，不然讀進去都是假的。更先別急著用刷題來檢驗學習成效。

利用模考訓練自己的心志
強化自己的弱科

模擬考是模擬「考試」，不是模擬「考題」，它很多題目都出得很偏，出來的分數沒什麼參考價值；考好不必自滿，考差了更別自責。

面對模考，把它當成大考去訓練自己的心態、危機處理等等；考完好好訂正檢討，整理錯的或不熟的題型、章節、概念就好，不要把那個分數當作衡量自己會不會上榜的標準。

至於歷屆，我一律建議先寫完，知道考試方向後再去碰模考練題感。大考中心出的題目就是準則，能從裡面挖寶就多挖！

不強迫自己早起
睡飽了讀書效率更高

記得自己的初衷，為何讀書？為了回應親朋好友或師長的期待、為了堵那些討厭鬼的嘴、為了優渥的生活、為了拿張文憑、為了被規劃好的職涯（例如執照系）、為了讓自己看得起自己⋯⋯

當坐在書桌前讀到懷疑人生、在床上想多睡幾個五分鐘時，可以回頭問問自己：讓你得努力備考的初衷為何？你有多想要考上目標學校？你有多願意付出？這個目標值不值得你拚盡全力？

不要迷信「典範人物」，適合自己最重要。剛踏入某個領域時，我常迷信所謂成功人士或身邊的潛力股，覺得「要做到⋯⋯才會成功」，一味地想符合「看似能夠成功」的模子，卻沒注意相容性，導致挫敗感加重。舉例來說：我覺得進重

考班就得拚死拚活，便決心一改從前懶散的讀書模式。但當我嘗試效仿別人早上八點前進班、自習中絕不打瞌睡時，理想與現實的落差反而使我身心俱疲。搞壞了自己，談何進步？

所以，找到適合自己的讀書節奏真的很重要。而我是到學測班中期才悟通這個道理，也從那時開始不強迫自己早起，並重新調整安排讀書時間。上述，僅供參考，大家還是要找到適合自己的作息。

關於作息安排，雖然很多成功人士推崇早睡早起，但我發現自己要早起很困難，因為我需要的睡眠時間很多。所以我認為不必強調早睡早起或其他模範作息，只要不過分熬夜（因為熬夜傷身），適當的睡覺時間，一樣可以好好讀書。不能早起就不要強迫自己，睡飽了再讀書效率會更高！畢竟人一天的專注力有限，讀再久往往只是騙自己有在讀書；那些

「浪費」在書桌前的時間不如拿去放鬆身心，對自己更有助益。此外，可以透過固定行程的方式（如每天八點運動、每週三練習國寫……）讓生活從簡，省去多餘的思考與算計。

適時休閒娛樂
遠離負面的人事物

人不是機器，是人就得休息。我平常的休閒活動就是聊天、逛街、看漫畫、吃東西，每天平均花一個多小時在這上面。儘管一開始「考生自覺」告訴我時間不可以這麼奢侈的使用，但後來發現自己身體還是誠實的，讀不下去就是讀不下去，這時候我便安排休閒活動，而不是花時間在焦慮「自己怎麼坐不住、不專心」上面。

當時在重考班交到的朋友會一起聊天、一起玩，點綴了原先乏味的備考生活；我們還分享自己的作文給對方參考，互相進步。備考期間尤其切記

遠離那些對你造成負面影響的人事物，例如：別人的愛恨情仇、只會找你抱怨的朋友。

考前的叮嚀

考前讀什麼？

首先，讀近三年歷屆及新課綱參考試卷，把之前作答時寫錯、答對但心虛的題目重新思考一遍；沒時間的話自然科閱測部分可放掉。

其次再把其他回歷屆讀完，搭配自己的筆記重點。還可以拿張白紙，憑空寫出來之前細讀時就該建立的知識網絡（例如：激素的作用流程、說到向量可以想到什麼），測驗那些內容是否真的變成自己的，還是只留在筆記紙上。

考前焦慮怎麼辦？

很簡單，那就焦慮吧！重點是上考場的那天要開啟飛航模式，拋下所有煩惱與妄想，進入狀態。考試當天為了盡可能心無旁騖地作答，把考試這件事當成去高級餐廳吃飯，沉浸在考題裡去享受答題，如同享用餐點。記住，不要去「監督」自己的表現（如：想著這樣做真的可以嗎），並且，過去的事（如：上一題寫得很心虛怎麼辦）就讓它過去吧！我們在吃東西的時候，應該不會記錄自己用哪邊牙齒咀嚼比較多次、回想上一口牛排有沒有多咬幾下再吞吧？美食當然是一口接一口囉！

要調作息嗎？

除非原本作息就跟考場作息差很多（如：半夜一點睡，早上十點起床），不然不建議調作息，因為特地調作息反而可能造成緊張，帶來壓力。

我認為在考前保持「平常心」的概念意即：任何可能影響心理層面的日常活動皆照舊進行。所以考前一天還是可以逛街散心、看劇紓壓的。

學習之路就像是一場闖關遊戲

楊又權＿彰化高中 ▶ 中國醫藥大學醫學系

我是個愛打遊戲的人，我玩過的很多遊戲裡，玩家們需要到處想方設法蒐集練等、突破、甚至是天賦升級等等，可以讓角色成長的方式所需要的材料。等角色逐漸強大，最終挑戰Boss，把整款遊戲通關！

學習之路就像是一場闖關遊戲，我們成長，我們學習課內課外的知識，一場場的月考是一個個小Boss，「考上理想校系」就是我們升學之路的最大Boss！

接下來，將是一篇針對夢魘級遊戲「升學」所編寫的專屬攻略！跟我一起考上心目中的夢幻校系吧！

「升學」遊戲攻略一培育角色

在玩遊戲時，胡亂打怪浪費體力的人一定不會在眾多玩家裡脫穎而出，頂尖玩家們不僅會投入大量精力，更是會仔細查看培養一個角色所需的各種素材，把所有的體力用來打

會掉落大量經驗、或專屬突破的素材。另外，頂尖玩家們也會特別給角色配上合適的武器、配件等等的道具，讓角色能夠發揮120%的實力。

相同的道理在升學之路上也適用。死讀猛刷課本的同學們，雖然可以在小考取得一些些成就，但往往在大考上反應出極大落差，尤其是在講求靈活的新課綱，這種趨勢愈加明顯。

許多跟我一樣考上理想校系的同學們不只是認真讀書而已，我們會認真「規劃讀書」，我們彷彿打開角色培育介面一樣，我們會找到「自己」這個角色真正缺乏或不足的地方，把大量精力投入進去，獲取我們真正需要的能力。一直增加自己強項卻不屑於補足缺點的人，不是認真的人，他們是不勇於正視自己，只用無意義的行為掩蓋心虛感的人。

現在我們知道應該要正視

且補足自己缺點，但該如何在自己不擅長的項目上逆襲呢？不能只靠著一股蠻勁，每個科目都要能適得其法！

數理科的逆襲

我們常常遇到不會寫的難題，每次看完答案都會直呼：「到底為什麼會想到要這樣解？」但通常我們丟出了這個疑問之後，並不會深入探討，只是把題目的解法搞懂就草草完事了。

搞懂題目跟背題目的效益可說是微乎其微，都是一旦忘記，就等於沒做過。我們真正要做的，是認真把「到底為什麼會想到要這樣解？」的疑問攤開來。知道解題方法沒有用，唯有知道「如何想出解題方法」才能在考題不斷推陳出新的大考中披荊斬棘。

而方法包括：徹頭徹尾瞭解公式與定理、模擬老師們的出題過程與思路、培養細節觀察力。

解答簿就像鑰匙庫，搞懂一道題目，就等於從鑰匙庫裡得到一把鑰匙，但舊的鑰匙無法打開新的門，佔領鑰匙庫太累人了！學著成為一名鎖匠吧！

文科的逆襲

其實文科的技巧與數理科可說是大同小異，只不過文學是主觀的，尤其是國文和英文的作文，得高分的不二法門就是「換位思考」

練習時要思考大考閱卷老師們喜歡怎樣的文章。我們不是要參加文學大賽，我們只是要寫出一篇高分的考試作文。

多讀歷屆的高分範文，無需模仿或強硬改變自己的風格，而是找出受老師們青睞的元素，融入自己的風格。你會發現，找到專屬自己的高分作文公式其實並不難。

「升學」遊戲攻略二
打 Boss 的技巧

遇到強力 Boss 時，玩家們常常會「嗑藥」，比如說使用攻擊強化藥水、防禦力提升藥水，同時也會配上好武器。

找到自己得心應手的考試文具，就如同配上一把好武器。當我們達到人筆合一的境界，才能在考場上把我們寶貴的精力完全投注在題目上，不會因為不順手的文具造成分心，萬一因此漏看某個關鍵，就得不償失了。

我曾經在國中段考裡過度集中精神於考卷，導致血糖消耗過快，接近中午時竟然發生餓到視線模糊的情況。自從那次之後，我所有的重要考試前，都會喝蠻牛加上吃巧克力。不過，我不會因為這兩樣補給品產生亢奮的現象，若能充分探索，相信大家也可以找到適合自己的補給品，然後發

揮平時實力的120％。

除此之外，吃補給品也像是儀式一樣，往往能夠給予自己無比的安慰，能緩和緊張的情緒。

明確的目標
是前進的動力

抉擇很重要，只有定下一個明確的目標，才能知道自己究竟需要準備到怎樣的程度？離目標還有多遠？也才能持續提供自己前進的動力。

其實，講求學習歷程的108課綱，早早定下目標，參加相關活動、競賽，這樣如果遇到類似目標的人，還可以互相支援，發揮$1＋1＞2$的效果。

想做什麼就勇敢去做

莊子毅＿建國中學▶陽明交通大學牙醫學系

108課綱多了一個學習歷程，讓我們在高中就有機會提早確認自己未來想走的路，在三年內修特定的課程，參加相關的活動、競賽、服務學習等。

我在高一時，因為自己對生物和美術的興趣，就覺得牙醫系可能會是適合我的科系。所以高中三年，我就報名參加了牙醫相關活動：參加了牙醫的微課程、去診所參觀等。

而這些跟科系有直接相關的活動，不僅讓我認識牙醫這個職業，也可以讓申請該科系的動機更加強烈，在申請入學面試時，就更能說服教授。

另外，一些與眾不同的經歷也會讓教授印象深刻、想更深入瞭解相關的事。

像我在備審料中提到的德國學生接待活動，以及在校成績持續進步的曲線，就有讓教授追問；而這些也是我做了最多準備的部分，應答時就可以比較流暢、有系統地講出來。

有了目標
讀書就會有動力

高一剛進建中時，我的成績大概在全校的中段，那時候讀書沒什麼目標，就算讀了成績也還是沒什麼明顯的進步，有段時間是渾渾噩噩的混過去，覺得很挫折，直到我開始把牙醫系當作我的目標。

知道自己是為了什麼而努力之後，我每天都會排讀書的計畫、管理自己用3C產品的時間、有空就去學校圖書館坐一下，一些瑣碎的時間也盡量不要浪費，像吃飯時會拿單字書出來背、增加英文字彙量。

高二和高三的成績都持續進步，高三的段考拿到類組排名第三、第一次模擬考也考了滿級分。

所以我覺得「目標」很重要，有了目標、知道自己為何而讀，讀書就會有動力，也會讀得更專心、有效率。

多參加與自己興趣相關的活動
與眾不同的經歷
可讓學習歷程更亮眼

或許很多人說玩社團會讓成績變差，但我認為，社團讓我學到許多課業之外的事。我參加古典吉他社，由於是表演性的社團，所以經常需要和同學約出去練團、表演。

高二的生活因為有社團的各種活動變得更緊湊，一部分的時間撥給社團，可以拿來讀書的時間勢必會變少，「時間管理」就特別重要。

在有很多事要做的時候，按照事情的緊急程度，選擇應該優先做好哪件事，做那件事的當下就全心全意地完成、不要在過程中還想東想西，不管是讀書還是準備表演。

另外，一個好的表演需要社團內每個人合作才能完成，因此成員之間的良好溝通和默契是必須的。

我也將這些在社團中的各種經歷，都放進學測申請的資料中，豐富我的學習歷程。

社團，可以表現出你是一個怎樣的人，有人喜歡音樂、有人喜歡跳舞、有人喜歡運動、也有人喜歡做科學實驗等等。參與不同的社團，可以呈現出你的與眾不同之處。

從如何辦活動、帶領社團、與學弟妹互動，到如何精進自己在學科之外的一技之長，都能成為讓教授注意到你的亮點。

高二升高三的暑假
開始複習學測

大概在高二升高三的暑假就是開始學測複習的階段。

暑假時，自己在家或是圖書館讀書的時候，我還是每天比照平常上學時間起床、或更早起床，將一天拆分成八節課的時間；每兩節分配一個科目。晚上就把一整天可能落後的進度或覺得自己還不太熟的地方，再複習一次，這樣一天的時間就不會浪費掉。

同時也可以用一些記錄讀書時間的app，來督促自己把握時間讀書。並且開始做一些錯題的筆記本，整理自己常錯的題型、不懂的觀念、甚至是背不起來的英文單字或用法。做成筆記後，有空就拿出來翻看，讓平常記不起來的東西，透過一次次地翻閱而增加印象。

保持自信心做最後衝刺
用愉悅的心情備考

大概學測前一個月會有考試真的要到了的緊張感，覺得考試要到了，但自己還是不太有把握。在這個考前衝刺的階段，最重要的是要對自己有信心。因為這段時間離考試最近，讀的東西也最有印象。

這時候刷題目寫錯會比較容易焦慮，感覺自己不管怎麼讀都還是會出錯。但真正應該做的，就是把握好這些你讀

了那麼多次、還是會錯的題目跟觀念，快考試前或是考試當下，就會不斷提醒自己、告訴自己要小心注意哪些地方。

像我學測前寫自然題本還是會錯的觀念或計算，我會馬上背起來，在學測當下遇到類似的題目，就回想這些重要觀念。最後我學測自然科全對，證明這樣做是很有用的！

我想和同為108課綱的學弟妹說，想做什麼就勇敢去做，即使目前你可能覺得自己仍有不足、或是被課業外的事情搞得壓力很大。請找出一個明確的目標，並為了這個目標再更努力一些，相信自己是可以做到的。

從桌球選手到白袍加身

談之丞＿＿建國中學 ▶ 長庚大學醫學系

乒、乒、乒、乒，乒乒乒乓……這是我從小學一年級開始就每天至少聽超過五個小時的聲音，從我懵懵懂懂被媽媽帶到桌球室的那一刻開始，原以為只是學項才藝，沒想到小白球就此開始佔據了我小學的時光和夢想，我的桌球生涯展開。

一開始就是正手反手不斷地重複練習，我和其他的孩子沒有什麼不一樣，就是感到乏味，直到旁邊的隊友一個個退隊了，好像只有我堅持了下來。教練常說我動作很漂亮，有時候會請別的家長來看我們練習，特別把小一的我當Demo。漸漸的，我覺得自己好像打得還不錯，當時年紀小還不懂得喜歡或不喜歡，但周遭大人讚賞的眼光，讓我覺得打桌球好像還不錯，就這麼一路練下去。

桌球有別於其他的運動，要打出成績，不但要非常努力、要有好教練、更必須有實

力相當的同儕能成隊。為了要有好的隊伍，我在小二時轉學、小三又再轉學。

幸運的，在小三時就遇見一位知我、懂我、又願意訓練我的教練，使我在小學三年級上學期的時候就有成績。這時周遭的人，包括我自己，已經朝著職業選手的方向在為我做定位了。

小白球造就了
我強大的內心和心理素質

在小學的前幾年，苦練桌球就是我每天的日子，早上7:30就到球室，練完回教室上課，下課再直接奔球室，利用片斷的時間緊湊的吃飯和寫功課，離開學校桌球室的時候往往都已經10點多了！

回想起來，那些日子真的很辛苦，但內心也充滿感激，很感謝那些願意陪伴我的教練，沒有那段時間的鍛鍊和接下來受到的許多挫折，我想我

不會有現在強大的內心和心理素質。

幸好在小學之前，我就開始學習各項科目，尤其是英檢。我在幼稚園大班時，已經把劍橋英檢兒童能夠考的部分，全部滿級通過了。因為媽媽早教的方式，在小學的功課對我來說從不是放在第一位，即便到了考前，學校停練，我還是會跟教練一對一練球。

和之前學習同樣的道理，我覺得這是桌球程度偷跑的好時機！有個教練曾經跟我說：「一天沒有練球，你自己會知道；兩天沒有練球，教練會知道；三天沒有練球，全部的人都會知道。」

所以對於桌球，我亦步亦趨地努力，絲毫不敢鬆懈；即便如此，我在班上的功課總是數一數二，沒有準備就去考試了。我對課業很有安全感，但對桌球，已經經歷過大賽的我，知道那有多麼不容易！

唸書與練球的抉擇

唸書和練球兩件事情，在我心裡是交替影響的，如果我沒有經過早教的歷程，我不知道提前和持續的準備有多麼重要。

我的個性並不比其他孩子成熟，甚至更為天真，但深植在我腦海裡的就是「提早準備」，也因為如此，我願意苦練，有時候一天練球達到六、七個小時。也因為經歷了桌球，我更瞭解唸書的可控性及能掌握度，但這樣的想法還是停留在我的小學階段。

當時我認真的以為只要全力以赴，有一天我可以用桌球名揚海外。我常常看著中國的選手，想著有一天可以跟他們在場上較勁。媽媽也隨著我一樣的投入。我們不斷地四處參賽。

但隨著練球量越來越多，想得到的榮譽和競爭以及得失心，使我在賽場上表現越來越不穩定。

我很清楚，如果不能每場比賽都拿到全國前四，日後入選國手機會是很渺茫的，越大就越明白。每年國手的名額有限，原本興奮的訓練和比賽，轉而成為日日的負重壓力和挫折，心理和身體的疲累一日一日壓著我。

我雖然每天努力練球，想著要做足準備，但是準備永遠是不夠的，場上對手的不確定性及極高的壓力，周圍對手陣容的吶喊聲，教練期待的眼神，抑或是我贏球得到的掌聲，這些都令我不再快樂。

我漸漸思考自己是不是不適合再當球員了，但是面對家人的期許，媽媽曾經對我說：「在球場的勝利才是真正的勝利」，我也認為贏球的那一刻有一種天之驕子的感覺，那一刻，我就是全場的焦點。這必須有實力，更有運氣；曾經付

出的努力，心裡不捨，不甘願也放不下。

經過好幾番掙扎，和家人的幾經溝通，我決定重拾書本。

為了給自己信心，也想證明自己的能力，我想既然要念書，就先證明一下自己。我小五時報考多益，拿到895分，雖然這張金色證書用不上，但對我的意義非凡。

從放下小白球
到穿上白袍

桌球在我的生命中還是佔有很重要的一席之地，除了讓我在時間的掌控上較為精準，也讓我珍惜之後可以唸書安心準備考試的日子。我的國中課業非常的順利，沒有花太多時間琢磨。

當我不再是桌球選手，我真正感受到桌球帶給我無比的樂趣！

目前的我在長庚大學醫學系，對於大學考試的結果，應該是上天最好的安排。我經歷多次的學測模考、分科測驗的模考，剛好考最差的兩次就是學測和分科測驗，所以，除了在球場上不可掌控，沒有真正什麼事情是能完全在掌控之中的；只要做足了準備，就像拉緊弓弦，射出去的箭就不是我們能掌控的。這也是目前年輕的我，對於人生能夠理解的一點小小道理。

讀書技巧
分享我比較有心得的科目

化學科：化學的學習仰賴大量的刷題，觀念在高中化學的學習倒是其次，因為大考考題並不會要求學生解釋現象。而大量解題可以培養自身解題技巧的訓練，而許多細節也可以從中獲得。

高中化學的觀念不難，因此決定頂尖學生分數的不會是觀念，而是對於題目的熟練度。

生物科：生物在現今考試和文科並不相同，圖形記憶的效率遠大於文字記憶，因此必須要有能力將講義的每一張圖都標上名稱和功能（需不需要自己畫一遍則見仁見智）。

　　大量的練題，依然是必要的，因為人的記憶量有限，寫題目可以幫助我們回復記憶，並瞭解自己哪一些章節還不熟，並立即翻書找答案。

　　而在寫題的過程中，也可以學著如何在複雜的生物閱讀測驗找出脈絡（例如，基因調控機制），便可在考場中冷靜地分析出答案。

　　英文科：學測因為文法的式微和閱讀題目的加重，理解文章成了拿高分最重要的技能。而絕大部分的學生之所以無法理解文章，是因為單字量不足，因此以準備大考的角度來說，背好7000單絕對是當務之急。只要熟背7000單，頂標絕對是唾手可得。

　　而要晉身到15級分，作文絕對是兵家必爭之地。學測的作文題目極為多變，因此每一種題型皆要熟悉。

　　在學測前半年，每週練1-2篇作文，練習手感，可以使品質穩定。

　　在評分制度中，內容的豐富度絕對是大於修辭和單字的困難程度，但若是用詞過於重複或是簡單，難免會使得批閱老師感覺乏味。因此替換相同意思的單字是必要的（例：imperative → important），一些華麗的修辭和片語也可以使文章增色，進而獲得高分。

　　物理科：相較於化學和生物，物理的理解更為重要。如果只是盲目的刷題，而不懂得背後的原理，則題目只要稍做變化便會不知所措。

　　公式的推導尤為重要，可使學生理解原理，而實際考卷

也可能請學生當場推導（新課綱的參考試卷有一題推導波爾氫原子模型）。這些推導必須在平時練習數遍，考試時方能快速的推導出來。

而練習題目的目的，則是為了應付現今分科測驗日趨增多的計算量，使學生在時間內寫完考卷，並且也可以釐清自己觀念上的混亂之處。

相較於化學的「以例通法」，物理應以「以法通例」的方式學習。

同為醫學系的學生，許多人有大量精美的筆記，而我則是極少做筆記，而其中大多也是提示自己的point，而非重點整理。

認真的人就是找出自己跟別人不同的地方，讀書不外乎就是「同中求異，異中求同」，每個人都有自己的優點和獨到之處，別人的建議可以當參考，但不用照單全收；想到胡適先生的一句話：「怕什麼真理無窮，進一寸有進一寸的歡喜。」

第三章

素養能力與
學習歷程

劉主任話重點

「如果你沒辦法簡單說明，代表你瞭解的不夠透澈。」

——愛因斯坦（Albert Einstein）

「素養能力」與「學習歷程」是108新課綱新提出來的兩大重點，也是被討論最多的，所有的教科書都不斷強調，老師們更是戰戰兢兢，到底應該用什麼新的方式去「學素養」、或是「製造學習歷程」？

我常鼓勵同學正面看待，重點是：一定要「不抗拒」地去學習、去適應。

為什麼這麼說呢？因為看似「新」的名詞或概念、又跟考試跟升學相關，常常被拿來放大說明。

我定義的「素養能力」，是把**在每個學科學到的理論與知識內容，轉化為自己的學能與底蘊**，然後在日常生活或不同領域的事情上，都能把這些相關的理論與知識應用出來。

舉個例子來說，這幾年因為空氣污染嚴重，天氣預報時增加了「空氣品質指標（AQI）」，提供民眾注意健康及進行戶外活動時的參考，這就是一個生活上每天都會看到的事情。

如果你在看「空氣品質指標」時，把在各學科所學到相關的知識點，例如細懸浮微粒PM2.5是什麼（化學科）？污染的空氣如何經由呼

吸系統與氣體交換後進入人體影響健康（生物科）？不同的季節與風向對於臺灣空氣污染會有什麼影響（地球科學）……等等，很清楚的講出來，讓一般人也能夠瞭解，這就是所謂「素養能力」！

而正因為「素養能力」是很多元、很廣泛，而且是不侷限在某一個學科的，所以放進考試裡，就會有「跨領域」、「需要閱讀理解」等等特點。因為在課本上學到的理論知識都是基礎，以前的教學與考試目的，只是要求重複地把這些知識點「記下來」，但現在則是要求你要理解之後「用出來」。

所以我建議同學在日常生活中，隨時把握機會去練習建立素養能力：把眼前所見任何一個「事物」，與你學科所學過的「知識點」做聯結，然後試著把這中間的「關係」與「為什麼」說出來。如果可以找到一個完全沒有這方面知識基礎的人來聽你講，更好！當你可以把所學的東西很清楚的講給別人瞭解，表示它在你的大腦中已經過了學習、理解、整理、歸納、比較等等的過程。恭喜你，它就成為你終身不忘的素養能力了！

另外，有關「學習歷程」，我建議同學拿掉「升學」的眼光來準備，讓它成為你人生很好的一段紀錄。其實我們從小到大，幾乎都在學習課內的各種知識、參加課餘的各類活動，現在只是把它整理出來，讓它可以被找得到、看得見，也是一種「收納」及「歸類」各種資料的練習。況且，整理學習歷程的過程中，更可以讓自己重新回憶及省思過去的學習軌跡，找到學習的初衷及個人亮點！

正面看待「學習歷程」的推出

就學生而言，不必去探討政策的優缺點，那樣對提升自己沒有幫助；唯一要做的是盡力做到最好！

因為想把學習歷程做好，所以大家都得「思考」，而且是「換位思考」，去想像教授將如何評價這份資料？這對人生的成長不是壞事。

　　學生們也被迫去想：該如何在眾多競爭者中脫穎而出？因此會一而再、再而三的修正內容。就是因為學習的歷程要被拿來評分，才產生了改善的誘因，當然也促成參與許多競賽的動力。這些新的行為模式都來自於新的誘因。

　　學習歷程強調「反思」，也帶動了新的教育理念，否則光喊口號要大家反思人生，是困難的。既然要反思，就得先形成自己的中心思想，間接讓每一位同學都提早在高中階段思考人生經驗的可貴。在古早的年代通常要到中老年才形塑的能力提前養成，也是靠著這個政策的推動。

　　而從許多學長姐的心得中可以發現，因為學習歷程準備耗時，所以他們都得「取捨」；而且為了呈現更好的樣貌，每個問題也必須找到解決方法。這些看似擾人的因素，若能正面一點地去想，樣樣都可以變成新的人生養分，不是嗎？

循序漸進、自律嚴謹
累積學科實力

隋尚妘＿＿延平中學 ▶ 臺灣大學醫學系

　　大家好，我是隋尚妘，今年用繁星推薦的管道錄取臺大醫學系。

　　我覺得高中生活可以分為兩塊：學科學習與課外活動。

　　新課綱在學科部分強調知識與生活結合的「素養」，在課外活動則強調「學習歷程」的上傳。今天就跟大家分享我在這兩部分的心得感想吧！

設定階段性目標

　　在讀書方面，不可諱言地，我們常以成績做為評斷。經過這幾年的經驗，我覺得可以歸納出一個公式，對於平時的段考或是大型考試都是適用的：

考試成績＝實力＋答題技巧＋運氣

　　在準備考試時，我們可以依據這個公式做不同的規劃與時間分配；另外，我也覺得在不同的學習階段會有不同的目標需要達成，接下來就跟大家分享一下我的階段性目標。

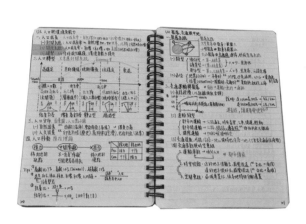

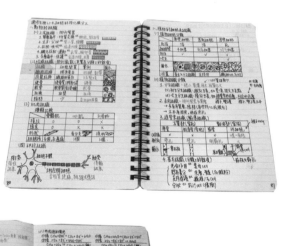

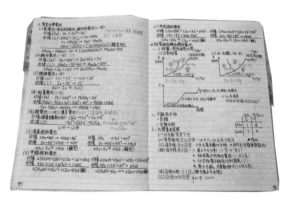

我習慣將課本的內容內化整理後，書寫成每單元約一頁的筆記。

遠程——
給每個學生的素養培養心法

在「實力」的部分,我認為語文是最需要長期培養的。像是國文與英文,大多以閱讀理解為主,用長期的閱讀習慣培養語感才是正途。我在小學時可說是隻書蟲,各式各樣類型的書籍都能讀到廢寢忘食。這在無形中讓我在國高中的國文閱讀理解都沒有大問題,在其他學科的讀題方面也極少碰到難關。

所以建議各年齡層的學弟妹,只要沒有大考臨頭(像是國三或高三生),都可以多多閱讀中英文書籍,與文字建立友好關係。

除此之外,寫作的「實力」也需要長期練習。我從小二開始幾乎是每週寫一篇短文:目標不在寫得「好」,而是在跟文字培養感情,學習表達、對寫作不感到害怕。

一路以來,寫作對我而言,自然而然成為了興趣以及考試中得心應手的項目,在嚴肅高壓的備考期間,讓我得到許多自信與快樂!

中程——
給高中生的平時準備手冊

以每一次段考為目標的持續努力,是我求學過程中沒有間斷的態度。

每次的段考我都會「念三遍」:寒暑假的預習、學校課堂的學習、段考前兩週的複習。

從國中開始,我就習慣用下學期的參考書去預習新的內容,並配合單元評量確認自己的理解狀況,如此便能大致掌握自己對各單元的慧根如何,也可以進一步決定開學後準備段考的時間分配。

有一定的基礎觀念後,跟著課堂進度再溫習一遍,就能更全面的理解內容。

段考前,我會花兩個禮拜

衝刺，在「實力」的部分重新閱讀一次課本。

時間允許的話，便將課本的內容內化整理後，書寫成每單元約一頁的筆記。

在「答題技巧」的部分則是在複習完課本、觀念釐清後，再盡量練習題目培養解題手感。

在新課綱下，無論是多參加活動、或是編輯上傳文件，高中生需要花更多的時間與精力準備學習歷程檔案，難免壓縮段考準備的時間。

面對這樣的狀況，我認為在「實力」的部分是不可以讓步的，該循序漸進培養的觀念，一定要在對的時間完成，才能接續後面的學習。

「答題技巧」的刷題練習，在時間緊迫的狀況下是可以妥協的，因為觀念正確但手感欠佳，通常還是可以拿到中上的成績！

近程——
給高三生的學測衝刺秘笈

新型學測最大的改變，是在試題中加入了更多的素養題型。我認為素養題型對考生而言，可以理解為「轉更多彎」的延伸題型。如果深究考題，會發現在深厚的包裝之下，考的仍然是最基本的課本觀念！因此，面臨新型學測，考生最重要的還是做好紮實的基本功練習。

在「實力」的部分，我是從高二下學期的六月左右，開始複習計畫。國文科部分，熟讀《古文十五》，並至少能瞭解《古文三十》的句意。

英文科部分，需熟記7000單字與用法，也需要針對自己的弱點補強句型、文法、翻譯或作文。

自然科與數學科部分，我覺得最重要的是回歸課本，確定瞭解每個單元提到的觀念。

這些複習，我大多利用暑假完成第一遍，在開學後便能更得心應手！

在「答題技巧」的部分，就是不斷的刷題！除了一般市面上的練習題，更重要的是歷屆考古題。我在考前練習了十年左右的學測考古題。而國英兩科因為新課綱的關係，不再有分科測驗，因此這兩科另外加刷了指考考古題。

練習題目時需要特別注意的是，要盡量把題目的價值最大化，例如：從英文科的題目中確認單字與文法的掌握度、在自然科的題目中檢視每個條件的意義……不只把題目看成是題目，更把每道題目當成學習的素材。

學習歷程
每個經歷都是有用的

在學習歷程方面，我有幾個想法想跟學弟妹分享：

及早確立目標：我認為及早確立目標對於學習歷程的準備很有幫助。無論是在抉擇參加的活動，或是在撰寫文件時，推薦學弟妹可到大學招聯會的網站，查詢目標校系看重的內容與招生目標，盡量突顯自己相關的「能力」與「特質」，會對目標校系的申請有更高的掌握度。

每個經歷都是有用的：經過整個申請的過程，我發現每一個生命中發生的大小事都有機會派上用場。在用學測成績通過第一階段篩選後，在學習歷程自述中大大小小的經驗，都可以協助呈現個人的特色。甚至在面試中的提問，也可以利用過去的經驗綜整出最終的解答。

因此，我覺得學弟妹在兼顧學業的範圍內，可以盡量多參與各式各樣的活動，即使跟科系沒有直接相關也沒有關係，都有機會派上用場。

盡情享受
多采多姿的高中生活

沈一＿＿衛道中學 ▶ 中山醫學大學醫學系

身為新課綱的第一屆學生以及考生，其實在過程中是懷抱著既期待又怕受傷害的心境度過。新課綱最大的變革莫過於學習歷程和考試命題方向，而在三年的準備中，我有一些心得和技巧可以跟各位讀者分享。

高中生活多采多姿，有各式的社團活動、班級活動、校園組織、競賽等，等著各位去探索。建議廣泛地去涉略各式營隊、競賽、活動等，可以讓自己對為來擁有更多想像及探索，同時，也可以豐富自己的學習歷程檔案與見聞、視野。

不過在享受娛樂的同時，也同時需要妥善規劃及安排時間讀書，才能玩得開心也讓自己在面對考試時，不會覺得苦惱。

不要忘記了，在面對學測升學時，必須先通過理想科系的一階篩選標準，才有後續學習歷程佔比50%以上的事。其中醫牙及藝術相關科系例外。

學習歷程的反思面向

在面對學習歷程，身為第一屆考生其實遇到許多阻礙，尤其在高三時與學校輔導室和幫忙修學習歷程的學長姐們討論後，發現自己的內容紮實度及思考層次遠遠不夠。

學測完之後，我的學習歷程總共重整了三次，也耗費了我數個月的時間去做重新整理及統整的工作。這段時間我所投入的精力與時間，並不會亞於以前的備審資料，甚至更甚。

學習歷程需要著重於「反思」而非「內容」，教授想在檔案中看見學生符合該科系的人格、長處、特點和企圖心。在看與學科相關的研究報告時，教授肯定比你更加熟悉對於其中內容，因此，一味的「資訊轟炸」，並不能讓教授瞭解你符合科系的相關特質與企圖心。反而，細寫「研究動機」、「研究反思」可以給予自己更大的人格特質發揮，最後再給予幾頁報告精華或是節錄佐證，就會是一份比較理想的檔案。

學習歷程的反思可以用幾個面向發揮：

在此份作業、活動中你發揮了什麼長處？什麼人格特質？

過程中，你遇到了什麼問題？如何解決？

面對考試，
紮實的實力、正向的心態、大量的練習，缺一不可

1.請持續學習：想要就讀頂尖科系或頂尖大學，並不是在考試前臨時抱佛腳就可以輕鬆應戰的。雖然網路上總有許多相關例子的分享，不過那只不過是倖存者效應罷了，我有一堆同學現在在蹲重考班。

2.素養考題應對：「素養」只是由一些華麗的文字堆砌而成的題目，核心知識不會改變。但也要提醒同學，雖然新課綱的素養題型變多，不過在掌握核心

觀念及基礎之前，反覆地刷素養題的效果未必會很好。<mark>應先打好基礎，掌握核心，再藉此刷素養題來瞭解出題方式。</mark>

3. 混合題及寫作：此題型的寫作方式及應試技巧，是需要磨練及持續訓練的。

我國二時通過全民英檢中高級，然而在第一次模擬考時，英文作文僅拿了14分，混合題在模擬考的表現也欠佳，就是很寶貴的經驗。

坊間有很多混合題題本及練習題，雖然命題模式未必會與大考中心的出法相同，不過<mark>作答方式是可以透過持續練習培養起來。而作文也需要時常練習把握手感及題材的廣泛性。</mark>

同時也要將這些非選擇題題型給老師批閱、討論，他們會依據每個人的程度，給予一些得分技巧及相關建議。我的英文作文也是因此可以符合大考的要求，而獲得較高的成績。

4. 睡飽、建立運動習慣、適當休息：在準備考試的過程並非完全需要禁用手機或犧牲所有休息，良好的時間控制與休息時間，對於長期耗腦的學習者來說也十分重要。

在學校，下課時間和體育課可以享受一些體能上的活動，而在家裡則必須有規劃的讀書。

我每天設定一定目標，在達成後用一定的方式給予休息及自己喜歡的獎勵（像是追劇30分鐘、打遊戲30分鐘等），可以讓自己在唸書上更有動力。

放下得失心
才能享受讀書的樂趣

林心宇＿＿臺中一中 ▶ 臺灣大學醫學系

　　升上高中以後，課程越來越多，而且越來越複雜。如果是特殊班級，可能還會有許多特殊課程，時間只會越來越少，因此如何掌握時間就非常重要。

　　我自己讀書的中心法則是：盡可能在上課時完整地吸收知識。如果某堂課的老師無法明確地傳達考試要考的內容，那我會果斷拿出參考書或是補充教材自行閱讀，並確保自己在短時間內獲得大量知識。

　　另外，設定讀書目標也是一大重點。每天都要安排適量的參考書內容讓自己練習，而且要在當天結束前，仔細檢核所有做完的項目，確定目標全部達成。如果在高一時，養成拖延進度的習慣，那在高三大考前，一定會自亂陣腳，最後功虧一簣。

規律的作息
有效調配每天的體力

　　我認為高中時作息是相當重要的一環。許多人在高中時，

睡眠嚴重不足，可能晚上9點補習班下課以後，回到家10點，整理完上課所學到的內容後已經深夜1~2點。然而，隔天6~7點又要起床出門去學校，體力根本無法應付一整天超過8小時的課程，思考力也會隨之下降許多。

因此，規律的作息與調配一天之中有限的體力就相當重要。

以我自己為例，在高中時，我會堅持在午夜12點前就寢，儘管隔天要早起，仍然能睡滿6~8小時。另外，中午午休時刻，我也會找一個安靜的位置休息，為下午的課程與晚上可能的補習儲備體力。

許多同學可能會有類似的困擾，也就是在學校無法有良好的午休品質，因為每個同學的精神狀況不一，中午休息時，許多人可能大聲喧嘩或用餐，並沒有注意到其他人的午休狀況，因此我認為勇敢爭取

自己午睡的權利相當重要。畢竟一個高中生即將邁入18歲，應當瞭解自己所具備的權利，切莫讓自己的權利因為他人的不友善行為而無法實行，並影響到自己接下來半天的表現，甚至連帶影響到整班的學習氛圍。

社團活動與科學競賽讓你脫穎而出

高中的社團活動最大用途，是讓學生可以在面試時點綴自己的學習歷程。

當大家都有課內成績、科展、科學競賽等做為學習歷程的材料時，精彩的社團活動可能可讓你從眾多競爭者中脫穎而出。

然而，近些年許多教授發現某部分同學參加社團活動，只是為了應付學習歷程與面試。

因此我認為社團活動在這幾年的重要性其實下降許多，相對在科學競賽展現自己實

力，其實才是在準備大學面試時的根本之道。

高中最大的課外活動是科學競賽。相較社團活動，科學競賽在學習歷程中佔有更重要的地位，而且也符合學習歷程的中心思想，可以完整介紹自己從準備競賽，到最後取得成果的過程。

另外，我認為科學競賽也是相對規則簡單的活動，只要能掌握高分讀書方法，應該都可以有效率地拿到該拿的榮譽。

在科學競賽中學習到的知識，以及掌握的刷題節奏，也都對日後的其他考試有所幫助。

然而，科學競賽相較其他活動，需要很多學校與學長同學的支持和幫助，因此選擇學校就十分重要。

如果在國中升高中時，確定高中要以科學競賽做為學習歷程的核心，就要盡量選擇明星高中。

考試是長期抗戰
更需要定期紓發壓力

由於高分讀書方法相當耗費腦力與體力，如果缺乏休息，不適合長期使用，因此運動與休閒便十分重要。以我自己為例，我的運動休閒便是打籃球和吃美食；就算在段考前，我仍然會去戶外打籃球。在考前壓力會比平時大，因此更需要紓發壓力。

我認為考試，尤其是升大學，是一場長期抗戰，因此適度的解除平時的壓力，才不會在考前壓力過大，造成自己情緒崩潰，失去生活重心。

轉換價值觀
不要太在意分數

我讀書的價值觀從以前到現在轉變許多，國中時，我深深相信一分耕耘、一分收穫；我認為任何科目只要有付出，都可以獲得最好的成果。

然而，最後我的得失心越來越重，容易為了追求虛名，而變得非常在意分數。

因此，在高中時，在讀書這方面面對更強勁的對手，我努力追求無我的境界，因為我認為放下執著，才能享受讀書的樂趣。尤其高中的課業壓力已經到許多人能應付的邊緣，如果可以把讀書從壓力轉換成一種享受，一定可以解決大多數的問題。

不用跟任何人做比較

戴廷育__僑泰中學 ▶ 中國醫藥大學醫學系

在談讀書方法前，先談一下我的個人經歷吧！正所謂「失敗為成功之母」，我自己在考上醫學系之前也經歷過很挫敗的一段時間。

2021年大概是我從出生以來經歷過最糟的一年——大考失利，學測僅得54級。原以為有繁星1%當醫科後盾因而有恃無恐，結果當年長庚中醫的繁星最低門檻是校排名前1%、學測55級分。

擦邊球落榜之後，決定去個人申請，填了幾間藥學系當保底，然而六間校系一階全都沒過。當時幫自己填了超多保險學系，包括國防醫學院，然而好笑的是，當時我連軍校的申請規則都沒搞懂，糊裡糊塗地把「藥學」填成了「國防護理」（現在去查國防醫學院的歷屆成績榜，還能看到我創下的國防護理最高錄取級分）。

最後不得已，我只好放棄，再花兩個月的時間唸書拚指考。幸好，最後錄取了臺南成

功大學化工系。

　　但收到分發結果之後沒幾天，我就決定重考了！因為當時班上有一個只考45級的同學，用繁星申請上了高雄醫學大學牙醫系。我覺得如果實力和我落差這麼多的人都能進到比我好的科系，那我憑什麼最後只能走到這裡。

　　現在回想起來，當下的決定跟理由確實有點衝動，但幸好結果是好的。

準備考試的3大誤區

　　接下來要談的，是我在這兩年的經驗裡學到的教訓和方法。

　　首先，要告訴大家的是準備考試的3大誤區，這些我全都犯過，希望看到這裡的你可以少繞點彎路。

　　1.僥倖心態：每個人對僥倖的定義不同，但你在讀書或考試的一路上有沒有出現過這樣的想法：「哎呀，這個考試不

會考啦！」、「好險，這題我猜對了！」、「學測怎麼可能考這麼難？」、「我只是失常罷了。」

　　當這些想法出現時，你就不會繼續努力了！答錯的題目不想瞭解，矇對的題目不求甚解，就會錯失許多進步的機會。另外，沒有失常這回事，就是你自己沒有準備好，才會在看到題目時不知所措或計算錯誤。

　　2.自以為是的努力：放學後還去補習班上三個小時課的學生，跟放學就回家打手機遊戲的學生，哪個比較認真？很多人下意識會選擇前者，但其實答案是不一定。前者在學校的課堂上可能在聊天或分心，而在補習班時花更多精力去理解他白天錯過的知識；而後者可能在學校的課堂上很專心致志地吸收知識，於是放學後只花一些時間就能夠理解課堂上的內容。

評斷認不認真，不是靠你坐在書桌前的時間，是否真正在讀書，其實自己最清楚。不必假裝自己很努力，因為結果不會陪你演戲。

3.刷題機器：題海戰術有一定的效果，它能給你足夠的經驗，並訓練你對題目的熟稔度。但如果只是機械式地刷題，看著自己做過的題目量而心滿意足，那麼你將在新課綱考試吃虧。

寫過的題目，無論答對或答錯，都值得再算一次，這樣可以更鞏固對的觀念。錯的題目，不能只是把錯誤的選項搞懂，或去問老師的解法，應該把錯題所屬單元的概念再複習一次。如此一來，下次在考場上再看見同類型的題目，才不會失分。

題目千變萬化，但觀念只有一個，刷了幾年的北模、全模、中模考古題都不是最重要

的事，重要的是，你能從這些題目學到什麼，才是你的真本事。

做筆記和認真上課
是永遠不敗的有效學習法

1. 做筆記：做筆記不是只把老師寫在黑板上的東西一字不漏地抄寫在你的B5筆記紙上，而是你在吸收完課堂內容後，再重新自己寫一份筆記。

老師今天上課的主題是什麼、他分成了哪些部分來講、第一個部分說的是什麼……，我建議以大綱式的方法整理大單元，小章節的內容則用心智圖，更容易一目瞭然。透過自己做筆記可以確實的把知識內化，也能讓自己清楚哪個部分稍有不懂。

2.認真上課：好老師傳授的是知識形成的過程，人類的大腦更習慣脈絡化的記憶。舉例來說，姊姊昨天買了花生

醬，也許我們明天就會忘記這件事，但姊姊因為男朋友喜歡吃花生醬吐司，為了幫男朋友做早餐，所以昨天買了花生醬。這件事因為有故事性、而且敘述得更多更有脈絡，我們可以記得的內容更多了、而且更容易記住。這正是我們為何需要認真上課的原因（這是我補速讀班學到的技巧）。

再舉一例，你可能很容易忘記一些三角函數的半角公式或二倍角公式，但當你認真聽老師如何證明這些公式後，你對它的印象會更深刻，且不容易忘。如果只是讀課本、買講義、刷題目，那你吸收的僅僅是知識形成的結果，就和姊姊昨天買了花生醬與純背公式一樣，很快就會忘記。

3.永不鬆懈：這段話是給一些自尊心重或優越感強的同學。身邊有太多模擬考跟學測成績落差太大的同學，包括我

自己也是。也許你的模考成績很優秀，但這不表示你在學測或分科考場上也能如此，只能證明你確實在這場模擬考裡準備得不錯。

此外，比排名跟級分更重要的是，你透過這次考試學到的東西，可能是沒準備充足的單元，可能是更好的答題戰術，這些才是你的養分，而不是因為佔據前段排名或不錯的分數，帶給你的沾沾自喜。

模擬考的出題方向因版本而異，考得好或考得差，都不要一直放在心上。

在大考前的每一天都得反覆地問自己：我比昨天更進步了嗎？

在讀書的路上，我想大家或多或少都徬徨過，但儘管如此，我們不能一直停下腳步，對未來感到迷惑；就把眼前的事做好。事情準備充分了，那就好好計劃未來。

也許你會想，那我現在準

備這些，以後用不到或後悔了怎麼辦？

　　記得：世界上從來沒有正確的選擇，但我們可以努力把選擇變成正確。那些不管好的或壞的經驗都是我們最好的寶藏，都在幫助我們成為更好的人。

　　最後，沒必要跟任何人做比較，當你讀得乏力時不妨去散散心，問問自己：將來最想成為什麼樣子的人？

盡快找到
自己的目標

曾侑祥＿臺中一中 ▶ 臺灣大學醫學系

108新課綱上路，許多人不知道如何準備。身為第一屆考生，我們只能自己摸索、研究，找出最好、最吸引教授的方法。下面分享幾個破解108課綱的秘訣。

雖然說新課綱鼓勵學生利用高中三年找到自己未來的目標，但實際上學習歷程檔案的出現，反而讓我們遠離這條路。

學習歷程檔案規定在製作備審資料時，需要從高一、高二和高三上傳的內容中挑選檔案，其

實就是要我們展現高中三年為了念這個科系所做的準備。

既然如此，我們就必須盡快找到自己的目標，準備與這個目標相關的學習歷程，才能跟教授證明我們是非常適合而且非常瞭解這個科系的。

課業與學習歷程
的時間分配

新課綱實施後，學生需要花時間在製作學習歷程，但也須同時顧及學校課業，畢竟，

成績沒有達標，做再多學習歷程也是枉然。因此，時間的分配更顯重要。我們應該控制自己參加的營隊或學校社團的數量，不能多，也不能少。多了，讀書的時間不夠；少了，備審履歷不足。

我建議參加2~3個營隊，並擔任班級或社團幹部以充實備審。

高中三年，一定要謹記：「學測先考好再說。」

考得好，學習歷程檔案才能派上用場，否則一切的準備都沒有意義。

學習歷程檔案
心得的完整度比資歷更重要

學習歷程，顧名思義就是要從中看到我們在這些活動、經歷中的所學。在面試過程中，教授也對一些較特別、或是較能展現個人特質的資歷較有興趣。相對而言，競賽、檢定成績固然重要，但它們並不能表示你適合這個科系，只能代表你學業成績好。

新課綱實施後，教授們更加著重在找到適合自己科系的學生，因此寫好一篇完整的心得是當務之急。

要如何寫好一篇心得？

我認為可以把心得分成三部分撰寫：

第一部分是簡單的介紹這個資歷。這個部分可以讓教授先大概瞭解這個資歷的內容，既省教授時間，也可以讓教授有較多時間看他們較有興趣的內容，為自己加分。

第二部分是寫出這個經歷中最印象深刻的故事，可以是體悟最深的部分，也可以是自己在過程中遇到的難關。舉例而言，做科展時，我們一定會遭遇問題；做志工時，也一定有一個印象最深的經驗。這些寫出來，就可以表現我們真的有參與這個經驗。

切記，故事或挫折要寫得具體一點，不要寫「我遇到了很多難題」，而是寫「我遇到的難題是……。我最後的解決方法是……。」這樣寫才會吸引人。

第三部分就是從中學到的東西，可以是自己個性、態度上的改變，也可以是從中學到的技能。畢竟，有了這個經歷，就要有所收穫。

上面的三個部分都寫出來，才是一篇完整的、可以代表一個經歷的心得。

同時要盡量面面俱到，每個經歷都有其可貴之處，但並不能代表完整的你。因此，我們需要有多方面的經驗，可能是志工，可能是領導團隊合作，也可以是和同學一起完成的一個作品。

從Collego網站上可以發現，每個科系要的能力、特質都非常多，因此準備多樣化的學習歷程才是符合科系需要的人才。

弄清楚觀念後
再大量刷題

不要急著寫題目。很多人都有這個迷思，覺得寫越多考古題，練習越多題目就可以考越好。

然而，事實並非如此。我的意思並不是不要寫題目，而是準備學測有其順序。

首先，我們應該先把高一所學的內容徹底複習過一遍，搞清楚所有觀念。

這可以幫助我們在寫題目時，真正把不清楚的觀念找出來溫習，而不是在寫題目時，什麼都不會，卡在那邊浪費時間。

弄清楚觀念後，再開始大量刷題。先寫歷屆考題，因為透過歷屆考題，我們可以抓到大考的難度。

寫完歷屆考題，再根據自己的能力練習適合自己難度的練習題、參考書。

題目怎麼寫？
刷題，要怎麼練才會進步？

我覺得最重要的是，要先知道自己弱點在哪裡。市面上有很多不同的參考書、練習題，有些是專攻混合題，有些是一回回完整的模擬考題。如果對混合題型不熟練，沒辦法在字數限制內寫得很完整，那就多練習混合題；如果自己總是時間不夠，考卷寫不完，那就多練模擬考，自己計時，強迫自己提升速度。

總而言之，刷題的目的，是補強自己的不足。因此，找到自己最適合的題目，是決勝大考的關鍵。

準備學測、學習歷程檔案是一條漫長又艱辛的路，但我相信跟著以上這幾點，可以幫你省下許多走冤枉路的時間，加油！

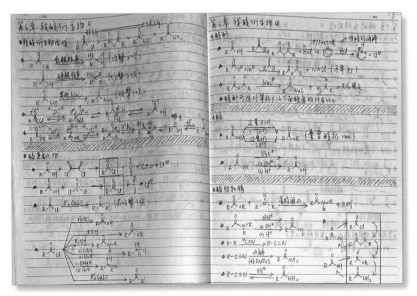

高中三年，一定要謹記：「學測先考好再說。」考得好，學習歷程檔案才能派上用場，否則一切的準備都沒有意義。

第四章

筆記這樣做

劉主任話重點

「閱讀使人充實，會談使人敏捷，寫作與筆記使人精確。」

——法蘭西斯・培根（Francis Bacon）

　　大家在讀物理的時候，應該都聽過「法拉第定律」吧？但同學可能不知道，這位被譽為近代最偉大的「電磁學之父」，有個熱愛做筆記的習慣，更因為做筆記而改變了他的一生！

　　年少的法拉第因為家境貧窮，小學畢業後就被送到書店學習「訂書」，成為一名訂書工人。因為他熱愛閱讀，所以常常利用書裝訂好之後、客人還沒來取貨之前，抓緊空檔讀那些書，或是偷偷把裝訂完剩下的書頁殘本留下來讀。

　　有一次，法拉第因為訂書工作非常認真而提早交貨，剛好這位客人是英國皇家學院的成員，他知道法拉第對學習科學知識很有興趣，就送了他四張有關科學與化學的演講入場券，由當時最有名的化學家翰弗里・戴維爵士（Sir Humphry Davy）主講。

　　法拉第興奮不已，不但每一場都排除萬難準時參加，還把四場演講融會貫通後，做成厚達300多頁的筆記，寄給主講人。戴維爵士看了非常感動，不但親自回信，後來更找他進入皇家學院擔任自己的研究助理工作，從此開啟了法拉第的科學研究之路。

雖然我們沒必要也不可能每上一堂課就寫出上百頁的筆記，但不可否認「做筆記」一直以來都被認為是絕佳的複習工具，甚至做筆記本身，就有幫助記憶的特殊功能！因為「用手拿筆在紙上寫筆記」這個簡單的動作，需要用到手、腦、眼，同時有觸覺與視覺對神經的刺激，再加上大腦的同步整理與思考，無形中加深了記憶。還有拿筆畫重點或寫下關鍵字，也都是這個道理。

所以，比起只用眼睛看影印或拍照的紙本，我更建議同學拿起紙筆來「寫」筆記！

此外，我聽過同學們分享做筆記的「時間點」也很有趣，有的人是一邊上課一邊速記、有的人則是課後再重新整理、也有人是兼而有之，在複習的時候把課本、參考書、講義及老師上課內容經過自己的思考理解之後，再寫下屬於自己的複習筆記。

至於格式，那更是五花八門，有圖表、點項、條列、還有現在流行的心智圖……我們在接下來的幾篇分享中，就會看到這些學長姐們如何用「做筆記」來加成自己的學習效果！

最後，建議同學不妨也可以試試看在筆記中加入一些「自己思考」的過程，或者你可以試著寫下跟自己辯論、質疑、或是挑戰性的新想法。例如，有什麼其他的面向或角度是與這個主題相關的？這個理論或論點還可以用在哪些地方？

透過這些思考與書寫的過程，你會發現，寫筆記也可以幫你產出更多靈感與想法，甚至可以刺激你的思考，再去觸類旁通，連結到更多相關的知識點。如果可以用做筆記來建立知識網絡、甚至是深化你的素養能力，那可是一舉數得，而且一生受用了。

勇敢去選
比較辛苦的那條路吧

吳聿文＿竹科實中 ▶ 臺灣大學醫學系

我是一個重考生，經歷過舊課綱的學測、指考，也經歷過新課綱的學測、個人申請，我認為對考試最好的心態是：「一切都是上天最好的安排」。

學測考差了又如何？不過是考分科而已，你還可能因此上了更好的大學。

分科考差了又如何？不過是重考而已！對於我們的一生來說，用一年換取新的機會還是非常划算。

無論做出什麼選擇，只要想清楚一件事就好：「我會後悔嗎？」

如果會讓你稍微的失落，那就勇敢去選比較辛苦的那條路吧！因為一切都是上天最好的安排。

關於讀書法，因為學測的科目五花八門，我採用分科列點式讓大家比較好瞭解。

國文科
多念、多練、筆記
沒有捷徑

近年來國文的考題已趨向文意理解，死背的題型幾乎都不會出現，但是該會的國學常識、字音字形等還是要乖乖的讀。

字音字形：如何準備？養成好習慣，準備一個小筆記本，記錄每章考卷出現、不會的字音字形、改錯等，任何不能秒答、有一丁點不確定的都要如實寫下。久而久之就會發現能考、會考的就那幾些。

千萬別輕忽平時筆記的養成，覺得「這個我好像會、我大概知道」就放著不管，到時候考試忘了肯定會後悔莫及。

國學常識：不外乎就是那些古文流變、詩派和詩人的特色等等，套一句某物理補教名師的名言：「只要能在紙上默寫出來的就是會，寫不出來就是不會。」

複習時可以試著把流變史在一張空白紙上默寫出來，順著朝代、採用列點式。剛開始雖然都寫不出來，但久而久之看到題目就會很清楚，不再像之前一樣寫題目都用猜的。

作文：多寫！保持至少每個禮拜寫一篇作文的習慣，要計時，分析題和感性題都要寫。

作文很重要的一點是時間分配，我個人習慣是第一大題35分鐘，第二大題45分鐘，預留10分鐘當緩衝。尤其是第一大題的時間一定要掐死，常常第二大題寫得太忘我就超過時間了（若字數不限制，大概至少要寫到倒數三行）。

練習作文勿抱持苟且心態，高分是長久練習才能拿到的東西，如果想要靠考前衝刺背佳句、練格式，就是拿自己的分數在賭博，別像我應屆沒有15級分直接指考。

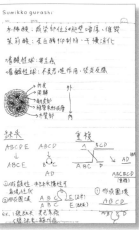
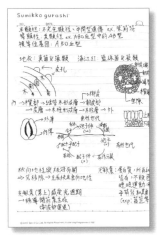

千萬別輕忽平時筆記的養成，覺得自己好像會、大概知道了，考試時若忘了肯定會後悔莫及。

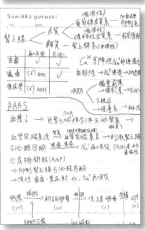
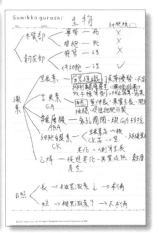

英文科
背單字是基礎
多閱讀英語文章

單字：背單字是基礎中的基礎，沒背好什麼題目都看不懂。平時拿本筆記本記錄一張考卷上所有「有任何一丁點不確定」的單字，別說服自己「這個單字我應該會」就不去理它，考試看不懂會很扼腕。如果懶得一張張考卷記錄單字，還有一個簡單暴力的方法：打開大考中心公布的level 5-6級單字，一個一個照著背，雖然過程艱辛，但會有很大收穫！

閱讀：平時養成看文章的速度，一篇加上作答最多5分鐘。這部分沒什麼能教的，就是速度！閱讀能力！還有你的單字量。幸好學測的閱讀測驗都不會太刁鑽，若有不確定，先猜一個答案跳過就好，等寫完作文，心情比較不緊張，回頭作答起來會順利很多。

英文作文：和國文作文一樣，英文作文也注重平時的實力累積。不太能寫出好句子的同學，可以採用列點式的寫法，把想法清楚的表達出來，不必過於花俏，在文章中穿插一些優美簡潔的句型、倒裝、注意時態，就能拿到該有的分數。請特別注意，不要去背一些浮誇的單字、艱澀又奇怪的用法，或故意用一些少見形容詞，這樣只是畫蛇添足，在文章中會很怪異。

自然科
理解基礎觀念
不斷刷題找出自己的知識盲區

物理與化學是在學測中相對較容易的科目，經過課綱大幅刪減，能考的並不多，首先把基礎的觀念弄懂記住後，就不斷的刷題，找出自己的知識盲區。平時要動動頭腦，練習不要太依賴詳解，自己想過後才能真正吸收。

生物與地科：就是背！尤其是地科，要背的東西真是多到爆炸。這種要背的科目的解法就是一直刷題，刷到沒有不會的地方為止。寫參考書遇到很奇怪、看不懂、很困難的地科題目，不用理會。因為大考不會出太有爭議的題目，只要理解能力正常、該背的都有背，就能順利作答。

數學科，大量練習各種題型維持手感與解題速度

　　數學應該是很多同學的惡夢，尤其是110、111年度都出現不太人道的考題，想必寫歷屆考題時多少打擊到大家的信心。我必須老實說，數學是很看天份的一科，同一張考卷裡，有些人就是能想到解法，有些人盯著題目看了5分鐘還想不到解法。雖說如此，大家還是要瘋狂練習，每天都要寫幾題數學維持手感，並盡量去碰觸各種題型，考試時才不會慌張。數學和物理一樣，不要依賴詳解，要靠自己動腦想才學得會。

即使起步晚
也不放棄

黃致云＿＿北一女中 ▶ 臺灣大學醫學系

　　我大約是國三時才聽說108課綱，那時候已經決心考科學班，也對新課綱不清楚。考上科學班以後才發現108課綱的多元選修和一些小論文之類的，是科學班沒有的，而上課內容也因應資格考，所以以99課綱為主。

　　學習歷程檔因為懶惰和我不是很想透過個人申請升學，所以並沒有多花時間統整和製作，而是透過老師出作業來完成。我可以說是幾乎沒有活在108課綱下的高中生，甚至有個學期忘記上傳多元表現獎狀等等。高一和高二時，我幾乎都在準備或參加化學能力競賽和化學奧林匹亞競賽，能顧及課業的時間很少，直到沒選上國手後，我才開始思考大考的問題。

高二升高三的暑假
一定要盡量多讀書

　　我買了參考書之後才發現，自己對自然科的很多內容都很

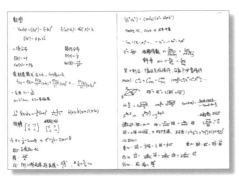

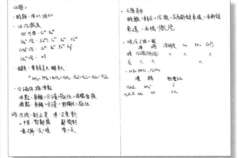

考前最後十幾天就是寫考古題，錯過的再看一遍，並整理好容易忘記的筆記，準備帶去考場看。這些是我考試當天看的筆記。

陌生，文科也很弱！我想起國中時期的老師，他幫我們排好每天的唸書進度，很感謝老師教我養成了每天念書的好習慣。於是，在高二暑假時，我也依樣畫葫蘆，週一到週日輪流念不同科目（國英數物化生地）。如果遇到我已經精熟的科目，像是化學日那天，多餘時間就用來補強文科。

至於進度，我則是用參考書的「總頁數」，來決定每天應該完成多少。

因為北一女中的國文科老師很給力，我幾乎沒有另外準備課外讀本。但我不大拿手的英文科，則花了非常多時間，買了克漏字、翻譯、單字本、也練習寫了許多作文。

我建議同學在高二升高三的暑假，一定要盡量多讀書，因為開學後同時有高三進度，幾乎沒有時間準備學測！但即便如此，也不能晚睡，因為會影響隔天整天精神。

高三時，我同時也參加化學能力競賽，全國賽結束已經是學測倒數40天左右了。那時的我非常迷失，完全不知道自己在幹嘛，但緊張也沒用，我很快就回過神繼續做每天該做的事，就是認真唸書。

考前最後十幾天就是寫考古題，錯過的再看一遍，並整理好容易忘記的筆記，準備帶去考場看。

好的心態
才能有好的作答結果

我還記得學測當天，數A一考完，我就知道要準備考分科測驗了！（我竟然在收卷時才發現背面也有作答格！）第一科考壞當然非常影響心情，但我告訴自己，必須冷靜地把剩下的考試好好考完。我有朋友認為自己數A考壞了，就連剩下的三科也全部亂考，結果他數A拿到15級分、其他科目都14級分。所以，冷靜下來真的很重要，好的

心態才能有好的作答結果。

　　既然學測都考差了，我想也不要在學習歷程上花時間跟力氣，這倒讓我鬆了一口氣。當班上同學在準備面試和備審資料時，我都在準備分科測驗。雖然我還是有選填志願，也在一階放榜時上了北醫、高醫、長庚、臺大電機等校系，但我打算等到要繳交各項資料時，再開始整理學習歷程。

　　因為今年（2022）數A非常難，在利用統計資料大概試算之後，我發現自己選填的志願科系，基本上九成機會都被錄取，所以沒有放心思在二階。繳交學習歷程資料時，我交了一些堪稱「簡陋」的東西，之前上傳過的各種學習歷程檔案，也只從系統勾了幾樣，有些獎項則是自己上傳pdf。我也是到這時候才知道，其實學習歷程可以上傳自己另外做的pdf檔案，也就是好像不用在高一、高二就先做學習歷程等等。最

後個人申請的結果出來，除了我沒有去面試的高醫外，長庚、北醫都有備取，臺大電機系竟然也有正取。

為了不留遺憾
決心拚分科測驗

　　從學測考差後，我便一直思考自己要選擇醫學系還是電機系，從三月就開始想，到六月要決定是否放棄志願（臺大電機正取）的時候，還是沒有結論。最後，沒有考上臺大醫學系的遺憾一直卡在心底，實在過不去，便毅然決然放棄臺大電機系，決心拚分科測驗。

　　那時的我已經請了長假、學校也畢業了，整天都可以讀書，之前拖延的進度在這段時間都可以順利補齊，也感覺到自己原本不擅長的生物科在進步。

　　最後衝刺時，其實我的模擬考成績都不太好，但我不是很看重。因為模考題目常常很難，或是題目的方向比較偏，

不要因為模考成績影響心情，既然放棄志願了，就只能繼續往前努力。

考前最後幾天，我每天都寫各科題目以保持手感，也回去複習之前訂正的題目，確保自己真的已經學會了。各科都複習完之後，再寫一些考古題增加信心。考古題往往都比平常練習的題目簡單，寫出來分數高，就會比較安心。

分科測驗第一科是物理，很難！但不論考好或考壞，都絕對不要對答案，也不要去想結果，好好的把所有考科平靜的考完。要對答案或和同學討論，都等考試完全結束再說了。

分科測驗有100個志願可以填，因此不論分數如何，都照自己的喜好把志願填好填滿，不須要太依賴落點分析。

以下是我準備分科測驗時使用／推薦的參考書籍：

①**重點整理式的書籍**。我有買物理和生物，尤其生物知識量大，需要熟讀整理。

②**課本**。一定要看課本，因為那是出題的根本。

③**歷屆考題**。不熟的科目再買詳解翻，不然上網應該都查得到詳解和題目，題目一定要印出來。

④**倒數系列**。保持手感的好物。

以下是我準備學測時使用／推薦的書籍：

①**英文科單字本** level 5-6，基本是 level 5 要背好，level 3-4 要精熟，可使用 app「死神單字」。克漏字一定要買一本。我也有翻譯本，訓練基本句型表達。

②**國文科《古文30》**：其他就用學校買好的。

③**地科重點整理**：地科算是學測自然最難的科目，最好入手重點整理。

④**課本**：尤其是自然和數學科，絕對不要放棄熟讀課本。

心態的穩定
是勝負關鍵

鍾安昀＿＿曉明女中 ▶ 陽明交通大學醫學系

我是110指考錄取中興獸醫、111學測錄取陽明醫學系醫師科學家組的「跨課綱」重考生。高中在校成績65%（差到連申請繁星入學的資格都沒有，哈哈），所以應該足以做為一個滿勵志的例子。

以下分享幾個我比較有心得的方面，希望能給迷惘中的學弟妹們參考。

透過筆記加強自身觀念、熟悉脈絡與增加自己複習的效率

學霸筆記終究不是自己的：不是說學霸筆記不值得參考，是要避免過度崇拜某一份「別人做的筆記」。一份好的筆記不在於版面是否精美、甚至別人是否看得懂，而是寫筆記的人能否透過筆記加強自身觀念、熟悉脈絡與增加自己複習的效率。做筆記只是整個思考與學習過程的一環，他人是很難單單從筆記就學習到當事人的思考邏輯，畢竟每個人的盲點和弱項都不盡相同啊！

我認為可以試著觀察那份

筆記的整理方式和整體編排，從每個人身上汲取各自的優點，再演變成最適合自己的整理方式，才是學霸筆記的價值所在。

有系統的歸納方式：有條理、有系統的筆記可以讓複習或釐清觀念的過程更有效率。舉我自己做筆記的方式為例：我的筆記非常著重使用螢光筆、不同顏色的原子筆和方格紙。專有名詞用黃底黑字，方便自己隨時查找。

重點分成兩種，紅字是常考，但我基本上不會錯的重點；紅底黑字則是常考，且我搞錯過的重點；藍字是備註或補充。

這些方式讓我想複習的時候可以快速翻閱，適合考前加深印象。另外，做筆記不須要求鉅細靡遺，已經很熟悉的部分大可不必花時間做筆記。請切記：筆記是做給自己看的。

謹記筆記的最終目的：做筆記的目的是為了提升自己的學習成效，不是自己看了開心、得到別人的崇拜、甚至賣錢，不用花太多心思在追求版面的設計或筆記外觀，重點是內容！搞錯重點是一件很浪費時間跟力氣的事。剛開始做筆記不用心急，做筆記的能力需要慢慢練習來培養。

最後，做完筆記不代表已經讀熟，筆記只是個開始，不斷檢討、補漏洞、依情況做調整，才能讓投入時間做的筆記發揮最大的效果！

關於問問題與訂正

發問不是為了得到解答，而是學習解題的邏輯與觀念加強。練題目是為了找出觀念上的盲點並加以改正，不需要過分拘泥於題目的詳解（畢竟參考書的詳解品質參差不齊）。

拿題目問老師時，應著重在幾個重點：

①這道題目需要用到哪些

重要觀念？

②看題目時怎麼從題目給的線索找出解題方向？

③每一步或每個轉折之間的思考脈絡如何形成？

如果能清楚列出自己的解題過程，給老師過目找出問題所在就更好了。總而言之，問問題前一定要做好準備，盡量具體指出自己的疑點，才能讓問問題的那段時間發揮最大效用。而且老師對於肯思考的學生，說不定會多加關照喔！

養成寫清楚解題過程的習慣：

我習慣寫下解題過程，除了可加強自己解題時的條理，檢討時更容易找出問題，也不用再刻意練所謂的手寫題，是個好處爆炸多的讀書習慣。

再舉我自己的例子，我訂

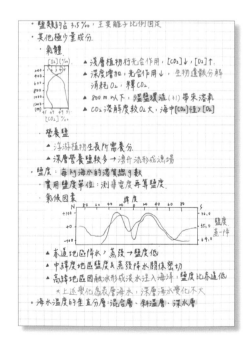

我習慣寫下解題過程，除了可加強自己解題時的條理，檢討時更容易找出問題，也不用再刻意練所謂的手寫題，是個好處爆炸多的讀書習慣。

正時會使用不同顏色的筆做為區分，問某幾位固定老師問題時用的顏色也不同，方便我從不同老師的說明作整理、多方參考，持之以恆就能看到效果。

關於考試當下

與其把拿高分當目標，不如盡力在時間內拿到該拿的分數。

考試本身壓力就夠大了，如果還一直要求自己要拿高分，對緊張的心情絕對沒幫助。這時不如告訴自己，平常的準備已經足夠了，之前付出的努力值得換取自己想要的結果，只要盡量發揮出自己的實力即可！

一打開試題不要埋頭開始寫，記得先大致看過整份考卷，不要超過3-5分鐘，翻閱過後心裡對難度就大概有個底了，接下來再寫，就可以減少未知感帶來的焦慮。

審題時可以把簡單、中等、困難的題目分別作記號，從簡單寫到難，確保不會有該拿的分沒拿到的情形發生。

心態的穩定是勝負關鍵。在考場上不要期待超常發揮，能發揮七八成功力就已經相當不錯，但若是心態沒有穩下來，就很可能會失常！

考完的科目不要去想剛剛寫得如何，更不要心急去對答案，好好為下一科做準備。

110學測時，我敗在數學考完後忍不住對答案，發現數學爆炸後（考壞）根本無法好好寫自然。110指考時，我敗在第一科物理，也是一寫完，整個人就慌掉，覺得自己完蛋了，導致後面的化學也多錯了很多。

而111學測第一科竟然也是大魔王數A，但這次我終於能保持沉著穩定，繼續面對下一科，所以即使後來數學成績真的不怎麼樣，其他科目也沒有受到影響。心態的磨練是我這一年來最大的轉變，也是我能在考場上盡量發揮所能的關鍵。

只跟昨天的自己比
每天都有進步
便是好事

劉若祺＿明道中學 ▶ 臺灣大學醫學系

我從小就認知到自己不是天資聰穎，因此對於學習，我便投入更多心力來彌補與他人的差距，久而久之養成一套專屬於自己的讀書方法，讓我成功從社會組轉至自然組，並考取醫學系。

在考試中要穩定發揮需要多種因素的累積，因此我將自己的經驗分為以下實力養成、生活作息、心態維持三部分，希望能幫助正在迷惘的考生們。

一、實力養成：
認真聽課，確實複習，製作專屬筆記

有著穩固的基礎，是在大考時通往成功的第一步。因此平時上課應該認真聽講，有不懂處，絕對要找老師或同儕討論清楚；回家後更要確實複習上課內容。並且將每次的段考視為大考，提前養成面對考試壓力時的發揮狀態，避免將來在大考時失常。

除此之外，從錯誤中學習也很重要。我習慣將寫講義遇到不會的題目或錯題用螢光筆標記，並且落實訂正（也可整理成一本錯題筆記本），將題目想考的觀念寫在該題旁邊，釐清自己錯的原因，是因為觀念的不熟悉還是粗心等等。如此一來，除了可加深對該單元的理解之外，未來複習大考時更可以回顧當初的盲點，提醒自己不要再犯相同的錯誤。

　　而對於比較弱的科目及單元，我習慣整理專屬的筆記。筆記是給自己看的，不用在乎美觀與否；例如我曾花了三小時畫生物筆記的插圖，但生物是我的強項，所以做生物筆記只是浪費時間在不必要的事物上而已。

　　真正的筆記應該是寫自己不熟悉的觀念或科目，並且用自己的話寫出來，如果只是一味的照抄課本上的內容，而沒有理解的話，做筆記便沒有意義了。因此要製作專屬於自己

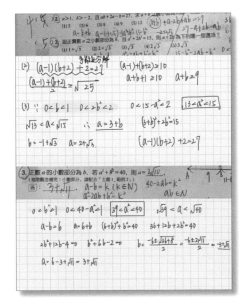

我習慣將遇到不會的題目或錯題用螢光筆標記，並且落實訂正，並將題目想考的觀念寫在該題旁邊，釐清自己錯的原因，是因為觀念的不熟悉還是粗心等等。

的筆記，應該試著自己整理出重點與不熟的內容，才能有效率的補強自己的弱點。

二、日常生活：
專心讀書、適時休息、睡眠充足

在作息上，我習慣於假日睡到自然醒，因為我在下午跟晚上的讀書效率較佳又習慣晚睡，如果強迫早起的話，一整天的效率就會很差，所以瞭解自己生產力最好的時段，盡量安排在那個時段讀書，才能有效率的吸收知識。

此外，讀書之前也可以培養「儀式感」，例如我習慣讀書時桌面只有當下要念的書與文具，因此讀書前會用幾分鐘的時間將不相干的雜物移至他處，如此除了能避免分心外，在收拾桌面的過程中也讓自己的心態沉澱，轉換成讀書時狀態。儀式感因人而異，最重要的是讓自己習慣做完這件事後，就要

開始讀書的心態，做為唸書前的暖身，避免心情躁動不安而讀不下書的情況發生。

「休息是為了走更長遠的路」，準備考試就像一條拉緊的彈簧，久了總會彈性疲乏，因此適當的休息是讓身心靈放鬆的良方。例如每週五晚上是我的休息時光，我不會排任何讀書進度，利用這段時間運動或是看影片放鬆等等，也會跟同學約去吃美食，做為念了一週書的犒賞，讓自己稍微放縱一下。

但過度的休息反而會耽誤進度，我曾沉迷於手機，到了讀書時間卻還是忍不住想繼續滑，拖延了課業，因此我痛定思痛，在每日讀書前盡量少看手機，並且配合鎖定手機的程式（我用過的程式如：YPT、forest、番茄鐘、我要當學霸、手機內建的使用時間限制等），把玩手機當成完成該日進度的獎勵，這樣在讀書時便會更有動力，也不易受手機的誘惑而分心。

三、心態維持：遠離負面情緒，堅定自己的目標

大考就像一場馬拉松，最後競爭的是每個人的耐力，因此如何維持心態便十分重要。不管是因為模擬考考差而低潮，或是因為對於考試的不確定而焦慮，都要盡快讓這些負面情緒消散，畢竟一直沉陷於這些想法也無濟於事，不如趕緊釐清問題的根源著手調整並改善；或者也可以與朋友、老師聊聊自己的狀況，透過旁人的協助來紓發負面情緒。

此外，確立自己的目標也是重要的一步，有著堅定的目標才能支撐準備考試中枯燥乏味的日常。當沒有動力讀書時，我總會想著自己立下的目標與夢想，便又得以重燃鬥志繼續奮戰。

最後，在準備考試的這條路上，偶而會覺得不管怎麼努力都無法超越前面的競爭對手，但試著將目光拉回自己的身上，所要做的就只是跟昨天的自己比而已，每日都有進步便是好事。

上述的內容是我自己些許的經驗，希望能讓大家做為參考，並找出最適合自己的讀書之道，最後祝大家考試順利，金榜題名！

第五章

各科讀書法：
執行力＋專注力

劉主任話重點

> 「如果我有8小時可以砍一棵樹，我會花6小時把斧頭磨利。」
>
> ——林肯（Abraham Lincoln）

　　這章要談的重點是各科的讀書法，但我不希望給同學一個誤解，好像是我在推銷學長姐們的學霸成功讀書法。因為從經驗來說，每個人的理解能力跟學習方法一定都有差異，就像吃一樣的維他命，每個人身體的吸收程度也不一樣，所以絕對沒有全宇宙一體適用的「最好」讀書法。

　　因為讀書考試是我們從小接觸最頻繁的學習與檢測方式，如何掌控時間與精力，做有效率的運用，獲得最好的成果，應該是所有人的目標。同學大概也看過很多老師專家提供不同的學習法或記憶法，但是你有沒有想過，有這麼多讀書方法，最重要的一點是什麼？

　　對，我想強調的是「執行力」！

　　如果你看到了一個讀書方法，願意立馬開始試試看，那就表示你成功了！

　　為什麼我這麼篤定？因為做了如果有效，表示這個讀書方法適合你／妳，長久以往的累積下去，一定會有好的成果；如果做了之後，發現成果不如預期，在做的過程中一定也可以發現問題，修正自己的

方法。甚至，在不同的嘗試中，或許可以從中創造出你自己獨一無二的讀書方法！

最重要的是，如果你現在可以養成即知即行的超強執行力，未來在你更長遠的學習生涯與工作發展上，必定也能夠更快更好，這可是一輩子受用的基本態度與能力！

此外，現在的學科學習內容，因應社會的快速變化，已經越來越多元而廣泛，相對的，考試的形式與內容也更加靈活。這對同學來説是非常正面的事，表示你在求學時期的吸收，未來是確實能夠學以致用的。

但同學千萬不要誤會強調「靈活」、「應用」、甚至是「素養」的考試方式，就表示紮實的讀書已經無用；相反的，能夠運用最有效率的讀書方法、才能更有效率地利用時間，做各種靈活應用與素養能力的提升。

另外，在勇於執行的同時，還有一件很重要的事，就是要訓練自己的「專注力」，包括安排讀書的時間區塊，以及排除一切可能讓你「分心」的事物。

人類不是機器，對於一件事情能夠全神貫注的時間本來就有限；大腦專注在一件事情上，久了就會自然而然感到疲倦，在超過一定時間的專注後，任何的資訊也無法再闖進我們的大腦，勢必要先讓它休眠或重新開機，才能重新恢復吸收資訊與記憶的能力。

因此，我們只能藉由有效的規劃時間區塊、並且訓練自己在有限的專注時間內，盡量用最有效的讀書方法提高效率，並且隔絕那些可能打斷或是轉移我們專注力的事物。

大量刷題並計時
控制精準度

黃梓晴＿＿私立復興實中 ▶ 陽明交通大學醫學系

新舊課綱在學測上最大的不同，在於多了很多非選題，但本質上並沒有太大的改變。我還是以大量刷題的學習方式為主，然後從錯題回去翻工具書和講義，再做錯題本來鞏固觀念，以上做無限循環。

比較需要注意的是，寫題本對答案時，非選題要嚴改，畢竟大考中心是很有名的吃分工廠。

國文科

課內：新課綱的古文十五篇中的形音義、文意、國學常識都是必考，讀熟可以拿下不少分。歷年的國文所謂背題（難的形音義、國學）都可以在古文三十篇找到（但新課綱刪到剩十五了）。可能會有滿多人覺得形音義很麻煩，我自己的方式是，把錯過的題目都剪下來貼筆記本上，沒事就拿出來翻看，多看幾遍就記起來了。

課外：課外題就是文意分析和閱讀理解了，基本上用背的方法完全解決不了問題，只能透過大量且頻繁的刷題來維持手感。在練題時著重培養一些比較重要的技巧，像是從長篇文章抓重點和看文言文，以上解決方式依舊是大量刷題。

國文作文：不建議在作文部分砸大把希望，因為不確定性太高。舉例來說，我們班一個拿過文學獎等級的同學，每次模擬考40分以上的才拿30.5分，但一個從來不練作文、段考常常白卷的同學卻有33.5分。所以我覺得作文還是要練，但不要抱太大希望。

寫作的參考建議：第一面通常知性題，建議方式開頭三行以內，後續三點式架構，就提三個論點（我是用首先、其次、再其次），然後把每個論點概述放第一句，最後總結。這三個論點可平行，可遞增，看題目而論。背面，我覺得看個人風格，但要避開敏感話題。

據我的觀察，國文這科的投資報酬率最低，比如我選擇題幾乎全對，但混合題和作文扣完，就沒滿級了。所以比較建議的唸法是，古文在暑假時先唸一輪，然後寫漸進式閱讀練手感，之後大量刷題，再將剪錯題貼在筆記本上，這樣的方式比較好抓知識缺漏，唸起來也比抱著書本狂背有效率。

英文科

單字：背好level 3-6的單字，之後勤寫題本，確認自己有學會單字大題（或克漏字）所有選項的單字及其用法。

克漏字：從克漏字的題目中歸納自己不完善的觀念，是確認自己盲點很有效的方法。晟景出版社有出一本克漏字的參考書，難度偏高，但同時包含文意選填和句構，是刷題的好工具。不過有一些單字用法偏生僻，到後期還是建議練模

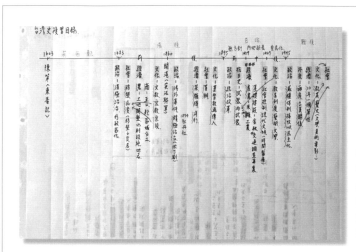

我是以大量刷題的學習方式為主，然後從錯題回去翻工具書和講義，再做錯題本來鞏固觀念，以上做無限循環。

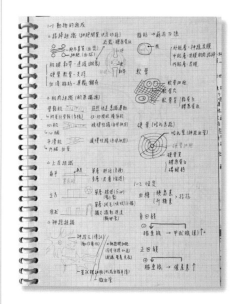

考和歷屆為主。

閱讀：閱讀要練的主要是速度與精準度，因為閱讀通常是整份考卷選擇題中最拖時間且扣分最重的，如果有練好的話，可以大大降低作文的時間壓力。建議可以買一本難度偏高的閱讀題，並且計時，一段時間之後會有不錯的效果。

北模：不只學測的北模題本、指考（現在的分科測驗）的北模題本也要買。我那時候整本寫了兩次，如果這本可以穩定扣5分以內，就不需要太擔心學測。

英文作文：我當時一個禮拜寫3篇英文作文，於是我的作文從7分拉到最後學測16.5。除了多練習以外，控制時間（約35分鐘以內），還有常常上大考中心網站背作文範文也是不錯的方法。作文題目可從北模和歷屆挑選。

翻譯：歷屆題目和北模題本寫好寫滿，確定都會就好。

然後學校題本的翻譯也要寫，確實訂正完就不會有太大的問題。

數學科

比起國文、英文，我覺得數學更需要長久累積，想要短期拉到頂的話，北模是比較推薦的方法。因為學測數學和段考的出題方向很不一樣，段考基本上都有固定題型，但學測的題目難抓很多，而北模的題目較符合學測趨勢且偏難；所以如果能不看詳解，自己試著把每道題目的解法想出來，就會進步不少。

北模寫完的話可以試試中模，難度又比北模高一點。

其他需要注意的是：寫題目盡量計時，並控制精準度。我認為寫數學速度快會是一個絕對優勢。

自然科

建議物理、化學可以先全

部念完。地科生物慢慢來，記憶型的科目跟著模考進度走就好，提早念完提早忘光。

自然科難的不是科目本身，而是素養題，通常會花較長時間去理解題目。其次是混合題佔很大的比例，但舊課綱沒有此類題目，所以可到書店買新課綱的模考題。

錯的題目一樣剪下來，貼到筆記本上，比較有利於抓盲點，並增加效率。雖然我不是很建議寫北模（因為沒有混合題），但歷屆自然還是要寫，然後不要跳掉超出範圍的選修，因為大考中心最喜歡超範圍考試。

沒有付出
就不會有成果

吳侑宸＿臺中一中 ▶ 成功大學醫學系

在求學生涯中，多數人都曾經有過很努力準備某個考試，結果考出來的分數遠不如預期。在校活動超多，總感覺一天24小時根本不夠用。原本想滑一下手機打發時間或紓發壓力，但卻不知不覺中陷入了時光洪流裡，導致原定的時間計畫嚴重落後。面對這些問題接二連三地向我們襲來，總不免令人煩悶。

人生絕對不只是考試而已，但考試在學習的歷程上佔有重要的角色，如何在茫茫人海中，以高分成績脫穎而出，仰賴的不是一萬小時原則，不是天天面對書堆，埋首苦讀，也不是做盲目做一堆題目、考卷，來安定自己考前緊張不安的心靈；而是要徹底奉行一句大家都耳熟能詳的話——「Work hard, play hard.」（在對的時間做對的事）。

許多人在讀書時，都希望自己能夠一目十行，過目不忘，但現實總會告訴他們，能達到這樣高效率的人寥若晨星。

不過平凡的我們也不用因此而感到氣餒，我依照自己過往的經驗，統整出了身邊不少同學都容易犯下的錯誤，主要有以下數項。

首先，在這個10倍速，甚至是100倍速的時代，有很多同學已經習慣生活中的「一鍵領取」、「一鍵完成」，進而想把這些快速簡潔帶入到他們的讀書情境中，但時常會犯下一個共同通病——「想要讀書念念不忘，但讀書都看看就好」。養成了只看不動手的習慣，會造成考試時的觀念不清，只能憑藉所謂的「我記得」、「我覺得」這些模糊不明確的推判來作答，最後的考試結果自然就不盡理想。渴望追求考試高分飛過，就一定要先養成自己看完課本內容後，接著把課本蓋上，拿筆動手做單元大綱、寫筆記（寫的是觀念或重要公式）和做題目，並且標註自己常犯的錯誤在筆記本的習慣。

糟糕的時間分配
會導致讀書成效不佳

再來是時間規劃的問題，多數書讀不好的同學都有嚴重的時間分配不均的大問題，或許他們自己也沒有察覺這問題，亦或是有發現但無力或無意改變，糟糕的時間分配會導致讀書成效不佳，然後產生挫折感，最後恐懼、逃避考試。

大家或許都曾經好奇過，身邊的學霸為什麼平時做著跟自己一樣的事，但考試的結果卻天差地遠？不可否認的，每個人的天賦不盡相同，在學習的成效上本就有高低之分，我們若是希望考出好成績，並不是一昧跟著學霸的腳步學習，而是要有自己專屬（適合）的讀書方式。畢竟，相同的方法使用在資質不同的同學身上，最後得到的結果自然是截然不同，一如山寨或仿冒品難以超越正牌，是相同的道理。

不過在時間分配上，有個原則是大家都可遵守的，每次讀書以70分鐘為周期，一天讀2~3個周期。每個周期花30分鐘精讀觀念、原理與公式，然後做10分鐘的筆記、大綱或是證明；再花費30分鐘做些題目，應用所學。天數的安排上，可以做3休1，或做4休1，但一定要事先訂好一個目標，以「星期」為單位去安排學習進度，記錄在紙本或手機中，如此才方便自己檢視讀書的效率或學習方法上是否有問題，進而尋找方法改善。

不管外務有多繁重
也要堅持每天的學習進度

最後，我覺得在休閒娛樂和社交的比例分配上，也是造成很多同學無法好好靜下心來讀書的原因。在臺中一中時，身邊的同學看似每天都在玩樂，但實際上他們都會撥出特

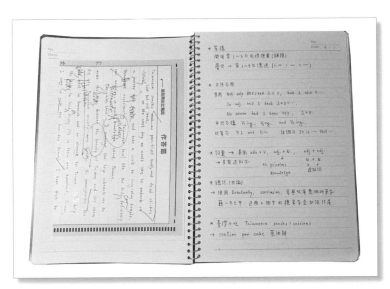

我的習慣是，看完課本內容後，接著把課本蓋上，拿筆動手做單元大綱、寫筆記（寫的是觀念或重要公式）和做題目，並且標註自己常犯的錯誤在筆記本。

定的時間來讀書，不管外務有多繁重，也依舊堅持著學習。

以我自己來說，我的習慣是會想盡辦法利用上課時間解決當天訂好的學習目標，讓自己在下課與放學時能有更多的自由時間跟朋友玩遊戲、打球或外出覓食，以此來讓自己覺得該讀的書都讀了，也充分利用時間玩樂了。

晚上回家後，並非就全然耍廢，至少會再讀70分鐘的書才去做其他事務，在讀書時要特別注意保持心情平靜，並且遠離會吸引自己注意力的事物，這樣讀書效率方可最大化。

戰勝大考要仰賴平時的訓練有素，沒有付出就不會有成果。一份平常做的精簡筆記，將是考場鈴響前的複習利器，裡面應該要記錄著自己的盲點，還有單元的重點，這些都是平日就要完成的工作。

到了考前，筆記就是做為加深記憶的輔助器具，手起筆落就要完成一道題目，展現自信去迎接將至的考試。

努力堆積自己
走出自己的路

陳冠廷＿＿衛道中學 ▶ 長庚大學醫學系

　　讀書是件值得做一輩子的事情，我從書本中找到許多樂趣，但面臨到考試時，這一切似乎就不這麼美好了。臺灣的考試制度要求我們成為通才，你必須精通十八般武藝，才能進入夢幻的科系。也因此，如何找到自己的優劣科目以及妥善分配各科的時間，成為了學生必須面對的課題。

　　我的成績曾經被所有人認為：「怎麼可能考上醫學系？」許多師長曾語重心長地問我：

「你為什麼就是不讀書呢？」

　　可是事實恰恰相反，我是個特別享受追求知識的人，但我很討厭為了考試而讀書。讀書對我而言，是探索自我、是站在前人的肩膀上去欣賞世界、是一件屬於自己的事，而非為了考試、不求甚解的囫圇吞棗。

　　我願意花整天的時間去推敲數理科的內容，無論這些內容是否會考。我經常一個人抱著書本研究一個下午，只為了

能想通這些建構起世界的原理；最要命的是，不到窮途末路，我從不輕易求教，因為我堅信，自己領悟出來的知識才真正屬於自己。

因此，沒效率是我讀書的最佳註解。這樣的「壞習慣」，讓我在高中初期永遠跟不上學校進度，成績悽慘黯淡。但有一天，我突然想通了，如果我繼續不在乎考試，我可能會賠上自己的一輩子！為了三年的任性，放棄終生的機會，似乎不那麼划算。

不斷強化自己的弱科
數理科的分數牢牢把握住

於是到了高二，我開始重視考試，我花了一個暑假來認真檢視並訂正自己，我是一個文科相當弱的學生，永遠無法抓到一篇文章想告訴我的寓意，從小到大，我在文科吃盡了苦頭。所以在高中三年及學測衝刺時，我都是以文科為主，

理科為輔去安排時間。

在面對段考時，文科的部分，我會把每一課的課文中不熟悉的字音、字形整理出來，並將作者資訊、其他作品、背景等等，這一篇課文的考點整理好。考前，我就閱讀這些重點以節省時間，並將這些基礎的分數把握住，才能夠在其他我不擅長的地方失分。

當然，這些努力也帶給我了些許收穫，儘管成績仍然不及別人，但我的文科成績逐漸追上其他同學。

理科，我則維持一貫的方式，把每門科目的觀念認真理解，並將學校講義的題目寫過並訂正。

有餘力時，我也會去推導書中的公式，然後去簡化並熟悉這些計算。這樣的方式讓我將數理科的分數牢牢把握住，再搭配我文科的進步，我的成績有了顯著的起色。

最後衝刺
不斷挑戰自己的極限

即便如此，看著我高一慘澹的成績，我想繁星是注定無望的，因此到了高二下，我便把重心放在學測上，但我也盡力跟上課內的課程，以免萬一我必須要面對分科測驗。

但學測實在是令人心力交瘁，還迎來了新冠疫情的三級警戒，學校改成遠距上課。實在是屋漏偏逢連夜雨，因為線上教學對於我而言實在是噩耗，家中的誘惑多到不可數：手機、冰箱、床鋪......。我就這樣渾渾噩噩的度過了最關鍵的約三個月假期。

直到我幡然醒悟之際，距離學測只剩100多天，我感覺自己就像不可能的任務中的主角，在不斷挑戰自己的極限。

我每天用時間管理APP「專注森林」逼自己讀書，每天除了生存必須的事情以外，就是讀書。

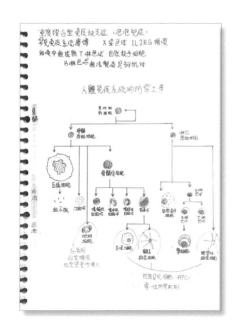

面對理科，我會把每門科目的觀念認真理解，並將學校講義的題目寫過並訂正。

不斷的重複閱讀與背誦各科複習講義，直到學測前約30天，然後開始寫歷屆的模擬考試題。前10天，開始寫歷屆學測試題。前1天，去看試場，休息一下，便正式上戰場了！

萬幸的是，最後取得了不錯的成績，在學測便申請上了醫學系，圓滿了這18年來的努力。

一路走來，我需要感謝的人太多了，我覺得不如就感謝天吧！

醫學系就跟一個光環、一個信仰一樣，自從我得到這個稱號，天天都有人在問我：如何讀書？學習歷程怎麼做？每個人都想要抄襲醫學系的「成功範本」。但我絕對不是一個典型的醫學系考生，高中期間，我花很多時間在組織社團上，一路走來，我被問過最多次的問題就是：「玩這些與醫學系有什麼關係？」

我沒有顯赫的豐功偉業、沒有精彩的競賽成果，但就是我這樣一個特異獨行的孩子，卻考上了許多人夢寐以求的科系。說了這麼多我的反例，我認為讀書就跟人生一樣，沒有什麼完美的公式可以模仿，也沒有任何一套公式是好或壞，只需要努力堆積自己，走出自己的路，就是最完美的路。

輸100次沒關係
贏最後1次就好

王謹庭＿曉明女中 ▶ 高雄醫學大學牙醫學系

小小的自我介紹：應屆學測時，我選擇就讀成大資工，暑修後發現自己缺乏對於寫程式的熱忱，加上對醫學領域的嚮往，我在逛IKEA的途中決定再考一次學測。雖然帶點衝動和稚氣，卻改變了我的未來，也讓我從中成長，找到自己的一套讀書心得，在此和大家分享。

善用零碎時間

備考期間常發生時間不夠用的問題，又或者書讀得完卻覺得沒有時間休息放鬆，長期累積下來就容易產生疲乏感和焦慮，所以要適度的將注意力從書本轉移，才能讓讀書更有動力。

問題是要怎麼生出這些時間呢？以我自己為例，早上下午通勤的時間，我會用來背英文單字或讀一篇古文；在學校的下課時間，我會和同學繞校園跑步，運動同時也能紓解壓力；洗澡的時候，我會將英文

和國文作文的佳作貼在玻璃門上閱讀；邊吃飯，邊讀書；這些時間看似被切割，加起來其實很多，讓我一般的讀書時間可用來寫數學、讀自然、刷題目，但也兼顧到國文與英文兩科，且適度運動能保持身心健康。

考卷的訂正法

不訂正，乾脆不要寫考卷：比起讀書本上的文字，我的經驗是，訂正才是精華，我們讀書時常會「自以為」讀完讀熟了，卻常漏掉許多細節，而這些細節能夠在題目及選項裡被找出來。

我試過兩種訂正方法給大家參考：

第一種是製作「訂正本」，剪貼考卷上的題目貼在筆記紙上，並在空白處訂正和整理筆記。可以根據科目題型做一個簡單分類，找出自己較不熟的觀念，也可以當作考前複習。

這個適合平常有做筆記習慣的同學，且做完之後要翻閱，否則就浪費了。

第二種也是將考卷上的題目剪下來，但要貼回最常用到的複習講義裡。這個做法的好處在於每次複習就會再看到一次當初做錯的觀念，可以加深印象。如果是只錯選項的話，我通常是將觀念手抄回講義中。

不管是哪種方法，都是希望能建立起確實訂正的習慣。也要記得拋下完美主義，不要在剪貼這種事上花太多時間，此外太偏的題目（那種再出類似的，你還是不會或轉太多彎出的機率極小）請大膽略過。

準備考前看的重點整理

我是一個不擅長額外製作筆記的學生，如果你跟我一樣，對筆記有完美主義就會花很多時間，或者不知道把講義上面寫的抄一次有何意義的話，可以參考我的做法。

我上課會做筆記在課本上，不另外寫一本，但在考前會做自然各科、數學、古文的重點整理，每科大約三張A4正反兩面（不用太多，因為目的是精簡），確認自己是否熟知每個單元的觀念，並再次複習。

考試當天不用帶書就準備這些重點，因此在做重點整理時，請把握「for進考場前複習」的原則，大觀念有就好，不用過細，否則考前讀不完會給自己不必要的緊張感。

臨場感的練習：
磨練時間壓力下的準確度
還能掌握考試時間、找到最適合的各題型作答順序

主動掌握時間：許多學生可能跟當初的我一樣，認為「充分的準備」代表將知識讀到精熟，又或是能夠解出正確答案，但其實這只是「最基本的準備」罷了！

考試時，題目難度超乎預期、心理與時間壓力常會造成「失常」的現象，同時也是我們最常在考差時用的藉口。

我透過計時的方法，將考試當下緊張感降到最低，甚至越寫越有自信。

當知識累積到一個程度，會開始練習模擬考題。以自然科為例，考試時間110分鐘，我會逐漸縮短作答完整份考題的時間，不包含檢查，從60分鐘開始。

如果一開始練習在時間內無法完成考卷，就要額外計時完成考卷所花的時間，比預期多多少，而最後目標是「考試時長的一半」就要完成第一次作答！

這樣有臨場感的練習，磨練出我在時間壓力下的準確度、掌握考試時間避免發生來不及寫完的問題、找到最適合的各題型作答順序。

108課綱強調的素養，其實就是題目很長，而計時也訓練

我如何在短時間內抓住重點，擁有更充裕的時間，在考場自然能更加穩定發揮。

面對挫折，快速調適心情，檢討原因、訂正考卷、努力改進

我算是樂天派的人，而我都是這樣開導身邊因考試將近焦慮或因模擬考失利提不起勁的同學。太緊繃讀不下書時，勇敢放下書本，認真去做自己喜歡的事，之後就會因沒有讀書的罪惡感而更專心，更有動力去面對成堆的書本，也會比起坐在書桌前卻無法吸收來得有效率。

模擬考考差時，記住這句話「輸100次沒關係，贏最後1次就好」，快速調適心情，做現在最重要的事情：檢討原因、訂正考卷、努力改進。

在考場，告訴自己「你是整間考場最厲害的學生！」、「都這麼認真準備了，沒有你解不出來的題目」。

當你每天都對自己精神喊話，即使一開始只是在騙自己，久而久之，你就會慢慢相信，並且擁有 bounce back 的能力。舉例來說，學測第一個科目考差了，會出現兩種人，第一種：直接放棄希望，騙自己考分科也沒關係啦。第二種：考壞了，但我要把握住剩下的科目，還是有考上理想學系的機會。大家可以思考一下自己希望成為哪一種人。

二階面試
反覆練習是關鍵

以醫學系、牙醫系及中醫系的面試來說，其中一大重點是「人文素養」，從部分的題目中可看出教授希望透過面試瞭解學生對於周遭人事物、時事議題的關心程度。

在準備面試的過程中，除了補習班給予的資源，包括重要議題、專業知識、模擬面

試、學長姐與老師的建議等，我也整理了其他時事，嘗試站在不同角度看議題，並練習將蒐集到的資訊列點、流暢地表達。

我獲取資料的來源多從 YouTube 頻道（如志祺七七、關鍵評論網）以及 Podcast、衛福部網站、《康健》雜誌等。而我統整的原則是「讓我能簡單記憶並清楚表達」，內容不外乎是此議題的目標、正反方、優缺點、困境、改善方法等。

口語表達的自我練習，我就在家中對著鏡子練或與同學互相聆聽給予意見。題目來源是從醫牙中考古題、SLEK 醫科申請交流區中獲得，亦在蒐集完資料後學習如何表達並加深印象。

二階面試的準備經驗告訴我，反覆練習是關鍵，讓我能在面對教授時不緊張，穩定發揮。

第六章

讀書規劃與
考試作答法

劉主任話重點

「普通人只想到如何渡過期間，有才能的人設法應用時間。」

——叔本華（Arthur Schopenhauer）

　　生活中所有的大事小事，都需要事前規劃。所謂規劃，就是把「未來」會發生的狀況都先想一遍。在規劃的過程中，可以讓你釐清什麼是最重要的、什麼是時間上有急迫性的，什麼是必須要在更早的時間內先準備好的，還有什麼不在規劃內但可能會發生的……這個事前規劃的習慣，會讓你在未來做任何事情的時候，都可以想得更周全。

　　同學拿高中的兩年半到三年之間，做為考試、申請大學的準備時間，說長不長，但若有好的規劃，也相當足夠。我建議跟著每學年、每學期的時間軸來想：

　　在高一到高二上的學期中，應該跟著學校的進度，紮實地打好每一科的基礎；再用寒、暑假比較空閒的時間，先去預習下一學期、或補足前一學期較不清楚的觀念。到了高二下學期，可以開始先加入一些國文、英文及數學科的複習，尤其是國文跟英文，因為屬於範圍比較廣泛的「能力培養」，先開始複習高一或高二上過的內容，相對可以找回一些語感跟內容上的熟悉度。

到了高二升高三的暑假，就要開始正式進入學測考試範圍的複習，再加上選考社會科或自然科的深入複習。

　　高三上學期是最忙錄的一個學期，不但有當學期的進度要準備、還有模擬考的準備、以及學測範圍的複習。

　　如果把每一個學期切分、做好規劃，自然不會慌了手腳。

　　有的同學會很哀怨地說，好像把「讀書考試」的進度規劃完了之後，就再也沒有其他剩下的時間可以玩社團、運動、甚至是與家人朋友出遊、休閒活動……等等的時間。

　　其實，換個想法來說，對於「時間規劃」這件事情有一點點的遺憾或不足，倒不是一件壞事，因為這正可以讓你珍惜且重視每一個規劃好的進度，並且努力去完成它。

　　只要事前正確的規劃、把握時間努力去完成，並且均衡而充實的分配自己的時間，搞不好你會發現，連抱怨時間不夠的時間都沒有呢！

　　而臨場的考試作答方法及技巧，也是接下來幾位學長姐想要分享的血汗經驗重點。正所謂「養兵千日、用在一朝」，臨場上從容地反應與正確地掌握作答方法，絕對可以為你的整體成績加上好幾分！

　　在這裡提醒同學一個「換位思考」的概念，是可以試著在平常碰到的考試就開始練習，那就是看到題目之後，把自己當出題老師，先想一下：

　　「如果我是出題者，在這個題目裡我想要測試學生的（單元／重點／迷思／容易混淆的觀念）是什麼？」

　　或許會有另外一種豁然開朗，看題目跟選項的角度也會更清楚喔！

人生轉個彎
沒有什麼不好

李懿珊_北一女中 ▶ 臺北醫學大學醫學系

　　我是來自北一女中數理資優班的李懿珊，以繁星（校排1%）的管道申請上臺北醫學院醫學系，同時也是108課綱第一屆的學生。

　　新課綱與以往的不同，主要是課程規劃、類組分類以及學測與分科測驗混合題的部分。而因為我是數理資優班的緣故，課程與高二類組的改變並沒有影響到我，因此我會著重講述我的讀書方法與混合題的作答和準備方法。

　　每個人一定都會有自己的弱科，對此最好的方法就是：直接面對它，並且分析自己的問題在哪裡。像我自己最不好的科目是數學，所以在準備學測時，我會思考哪一個章節是自己常犯錯的，或是我比較不會做哪一種題型。

　　意識到自己的問題以後，我會去請教學長姐或老師，詢問他們是否有較好的讀書方法，抑或是請他們提醒我，該章節的必考重點，讓我往後在

做題目時可以掌握最基本的原則，以此來做延伸，並瞭解該題目的考點在哪裡。

在做完以上事前功課後，就可以開始安排計畫了。我安排讀書計畫時，會分配較多時間給自己的弱科。但其他科目也不能掉以輕心，就算對於該科目十分拿手，還是必須花一定的時間來精進或維持對該科的手感或語感。

最重要的是，利用碎片時間學習；我自己的習慣是每天利用到學校的途中聽一個TED演講、或是利用單字app背單字，如此一來不管何時何處都可以學習，非常方便卻有效！

我自己最喜歡用的讀書方法，是拿一張紙，順著脈絡把該章節的知識點默寫出來，再回頭去看複習講義，檢查自己是否有遺漏的內容。這樣對整體內容印象就會更加深刻！或者試著把章節或實驗講出來，自言自語或講給別人聽都可

以，看用哪一種方法能讓自己印象更深刻就用那種。

除了基本的原理、課本內容要熟悉以外，我會寫一本數學和自然的錯題本，把做錯的題目或重點寫上去，以方便日後複習。

混合題作答方法
多看文章提升閱讀速度

接下來，我要和大家分享混合題的準備與作答方法。

一般來說，國文、英文和自然都會用較長的文本，也就是用閱讀測驗來引出要考的內容，其中國文與英文的混合題比較單純，主要是考驗學生的閱讀速度和擷取重點的能力；如果想要提升閱讀速度，平常可以多看一些文章；想要訓練擷取重點的能力，則可以在閱讀文本時用筆畫底線或圈關鍵字，在答題時才會比較瞭解文本的意涵。但國文有限制字數，會比較困難，要如何將文

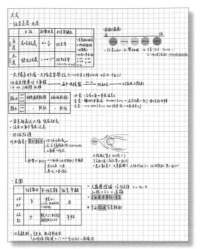

本中的字句轉換成比較精簡的回答，就需要一定的練習與磨練！

而自然科的混合題常與背景知識以及實驗結合，因此如果想要在自然科的混合題拿高分，一定要對實驗流程或原理非常熟悉，在回答相關問題時才會更順利。

作答時也要記得直接切入重點來寫，雖然該科沒有字數限制，但也不需要加一些贅字，因為教授在打分數時往往是看關鍵字給分的，所以只要把自己的思緒脈絡寫清楚、書寫整齊，基本上就沒問題了！

至於數學科，平常要多多練習將自己的思路和算式寫下來，以最精簡和其他人能看懂的方式，呈現給閱卷老師看。最重要的是，平常寫完題目一定要去看評分基準，確定自己有沒有切中考點喔！

每次作業、每次小考與段考，我都認真準備與面對

最後，我想要分享我的心路歷程。其實我一開始也不確定自己的目標是什麼，對未來也感到徬徨、迷茫，有時也會

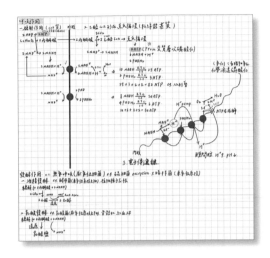

我自己最喜歡用的讀書方法，是拿一張紙，順著脈絡把該章節的知識點默寫出來，再回頭去看複習講義，檢查自己是否有遺漏的內容。我也會寫一本數學和自然的錯題本，把做錯的題目或重點寫上去，以方便日後複習。

因為自己沒有目標而感到困頓乏力，但後來的我意識到，與其一直向前看、找尋自己的目標，不如低下頭，看著自己現在正在走的路，紮紮實實地把現在的每一步都做好；就像是每一次的作業、每一次小考與段考，我都認真準備與面對，走到後來，就發現時間會把答案都告訴你。另外，我也想要送給學弟妹一句話：「人生轉個彎，沒有什麼不好。」

以前的我，是一個對未來有著嚴格規劃的人，我會將自己不同的人生階段當作是一個的點，並試圖從中找到最近的捷徑以達成目標，然而，在漫長的升學過程中，並不是每一次競賽都可以保持第一、永遠滿分。現在的我，回頭看，過去的種種已是「也無風雨也無晴」。

這一路上的跌跌撞撞，家人與朋友的鼓勵與陪伴，以及自己日常努力的累積，讓我得以順利考上自己夢想的志願，因此我要感謝所有愛我的人，讓我在面對未知的同時，仍能持續保持著自己的初心前進。

要非常努力
更要努力對方法

張徐承祐＿＿衛道中學▶成功大學醫學系

　　我跟閱讀這本書大多數的你們一樣，都不是一個天才型學生。一定有很多人跟你們說過，通往成功的道路需要努力，而我要跟你們說：除了要非常努力以外，更要努力對方法。以下就讓我分享自己的讀書心法。

　　先簡單自我介紹一下，「各位教授好，很高興能夠獲得貴校的面試機會……」講成醫學系的面試了，不好意思，重來一次。「我是畢業於衛道高中的張徐承祐，從國中會考4A1B蛻變到111學測59級分，應屆正取成功大學醫學系，興趣有各式球類運動和聽音樂等等。」

　　可能你們會很好奇，為什麼我會將興趣也帶進自我介紹？這是因為運動能夠幫助我紓壓，我很享受在球場上揮灑汗水，讓歷經疲勞轟炸的身心靈恢復活力，獲得滿滿成就感。聽音樂則能讓我讀書更加專心，我習慣邊讀書邊聽音樂，耳機的降噪功能可幫助我隔絕外界

噪音，輕快的音樂能讓我讀書不會那麼無聊，更加有動力；這方法不見得適用於所有人，但有一件事是不變的：「找到適合自己專心讀書的方式」。

我推薦一個簡單的方法：挑選安靜的環境，將3C產品關機，設定一個時間或一個目標，達成後就可滑滑手機、吃個甜點犒賞自己一下。大家有機會不妨多聽多試不同人的讀書方法，再從中挑選適合自己的。

足夠的自律、負責

我父母一路來都非常支持我的決定，我能自由選擇自己的營隊、補習、才藝甚至是學校等等。很多事情要小孩子自己有意願才有意義，譬如補習時，我看過一些同學是被父母逼去的，不僅上課不專心，吸收效果也不好，到頭來只是浪費家長的錢和同學們的寶貴時間。所以我認為倘若要補習，同學們必須要先確定自己哪些

科目需要補習；哪些補習班適合自己讀，接著再去貨比三家，挑選喜歡的老師，每個科目也不一定要都在同一間補習班，去不同間補習班的優點是可以獲得更多資源、認識不一樣的同學。

但有些家長也許沒有這麼開明，這時同學就會開始抱怨自己遇到虎爸虎媽，但試想一下背後的原因可能為何，通常不外乎：同學自己不夠有主見、沒有正確方法、不懂得如何與家人溝通、以及最重要的是不夠自律。所以怨天尤人之前，不妨試試先改變自己，例如想想看自己未來的目標，而在達成的過程又需要多少努力？把一套完整的計畫和家人討論，在計畫中也別忘記加上需要父母在哪些方面的援助。如此一來，我相信父母會因為你展現的負責任態度，會稍微放心，溝通效果也可以大幅提升。

接著，自律是施行計劃的

關鍵，善用每個瑣碎時間，不管是拿來讀書、運動、睡覺、玩遊戲都好，我不會說不能滑手機，它是現代人紓壓的一大管道，但還是要不免俗的說，凡事適量才是邁向成功的不二法門。大家可以先嘗試減少發呆耍廢的時間，再減少使用手機的時間，漸進式的方法會比激進式改革還來得有效長久。

漸進式的拉長讀書時間
學習不會背叛你

在學測衝刺的過程，也需要漸進式的拉長讀書時間，例如我從暑假每天讀書8小時漸漸增加，在倒數50天時拉長成一天讀書13～14小時，甚至連通勤吃飯都在讀書，而能夠這樣堅持，都是因為我有努力的目標與持久的讀書方法，還有足夠的自律。

除了自律以外，主動也是我成功的關鍵。高一上學期時，第一次段考我的校排只有58名，那時考上醫學系對我是一個遙不可及的夢想。但是，我很堅定自己會往醫學系這條路走，所以我積極去解決遇到的任何問題，例如學校上課聽不懂立即舉手發問，在大補習班則課後詢問老師或同學，讓我的成績逐漸進步；從問問題到幫助別人解決問題，過程之中會非常有成就感。這些講起來簡單，但實際做起來其實挺困難，需要滿大的勇氣跳脫合群的舒適圈。

這一路上，我也遇到許多不看好我的老師或同學，總認為我的問題沒水準或沒有認真聽講，但是你們要相信認真學習始終不會背叛你，一定能夠讓你收穫很多。

最後，希望各位學弟妹快速找到自己的人生方向與讀書方法，比起虛擬世界，多多參與課外活動，可以豐富自己的學習歷程，享受辛苦卻值得的高中生活。

不要讓未來那個收到成績單的自己懊悔

陳禮賢＿華盛頓中學 ▶ 高雄醫學大學醫學系

能夠戰勝大考的人有兩種：天才與地才。我並不是天資聰穎的人，秉持著正確的心態用功讀書，既能成績進步，也能保持健康的身心。如此一來，連帶第二階段的口面試也有所助益。

何謂正確的心態？以下帶領讀者透過我高中及重考時的日常進一步瞭解。

早晨
為一日的奮鬥做準備

建議考生有規律的生活，無論上課日或假日都要早起，好好的吃一頓早飯再開始努力。通勤的過程可以選擇閉目養神或欣賞路途的美景，保持愉悅的心情。我很喜歡騎腳踏車上學，可以順便動一動。

課程
全神貫注，踴躍發言

請抱持謙虛的態度聽課，有時課堂上能夠理解，做題目時卻仍遇上困難。學會擷取老

師話中的重點，即觀念之間的關聯性。鼓勵上課時踴躍回答或提問，對內容會更印象深刻。

作業
忘卻喜惡

可以對某科目沒興趣，但絕不能因討厭它而逃避。試著找出該科有趣的部分。

以物理為例，能透過公式計算運動狀態，給我莫名的成就感，好像自己有預知能力。如果對於強項有絕對信心，請花少一點時間，別因為對它特別有興趣而只鑽研該科。同時仍應抱持謙虛的態度練習，以防生疏。

小考
程度都在訂正後

最沒有價值的考卷就是一百分的考卷！考試幫助我們找出學習盲點。而勝敗乃兵家常事，難免會有成績不理想的時候，這時謹記「程度都在訂正

後」的哲學，耐心的訂正每個錯誤的題目，打開教科書再次複習遺漏的觀念並標註，下次不要再犯。

空閒時間
適時放鬆，調適心情

短暫的下課時間就不要吝嗇休息了，與朋友談天尋求支持、起身走動，甚至趴著小睡一下，都能增進讀書效率。

假日及放學後可至圖書館自習，累了就睡半小時或聽聽音樂。

休息時間也建議讀課外書，廣泛閱讀對二階面試及國文與作文都有幫助。

我喜歡讀心理勵志類的書籍，汲取一些正能量。

書沒有唸完的一天
只要盡了最大的努力就好

我喜歡保留各種物品來讓自己有堅持下去的動力，舉凡計算紙、寫完的講義與題庫、

橡皮擦屑，甚至在重考時把便當的橡皮筋綁成一顆球，這些物品幫助我們回顧自己所做的努力，也產生想要累積更多的動力。

最後我想勉勵考生們，面對考前的焦慮不安，要知道書沒有念完的一天，我們只要相信自己盡了最大的努力，無愧於心，讓未來那個收到成績單的自己不感到懊悔即可。

祝福每個人都能達到理想的成績，繼續往下個階段邁進。

相信自己一定能
達到心中那個目標

林煜翔＿延平中學 ▶ 臺灣大學醫學系

在分享我的讀書方法與歷程之前，必須得說的是：沒有絕對正確的讀書方法，只有最適合自己的讀書方法。找到適合自己的唸書節奏，讓自己能有動力，保持愉悅的心情備考，就是最好的方法。

學測準備
以興趣入手，補強弱科

108課綱第一屆的我們，在備考之初碰上新冠疫情引發的停課、封城風暴，無法前往學校上課，也無法外出去圖書館和K書中心等場所唸書準備考試，在家中讀書帶來的懶散與效率低落，對於剛進入備考狀態的我是一大不利。大部分考生的情況也相同，身旁少了一起奮鬥的同伴，反而充斥著各種誘惑，無法靜下心準備考試。於是我與志向相同的同學想出解決方法，我們以視訊的方式互相監督，也能在休息時間聊天，放鬆緊繃的神經。

在課業的方面，我在暑假

期間首先將大部分時間安排給自己較喜歡的自然科，使自己能保持愉悅的心情讀書，也有助於建立起長時間唸書的習慣，但仍有安排固定時間背單字和國學常識。經過一個暑假，自然科的掌握度便已達到標準，此時便將重心放在英文和國文，如此一來在面對弱科時，也能堅持足夠的讀書時間，逐步堆積實力。

分科準備
學測放榜的掙扎

由於我的學測成績不盡理想，一階段放榜時，我只有通過高雄醫學大學醫學系。對於一般人而言，高醫醫已是非常好的醫學系，然而對我而言，我相信自己的實力屬於更高的位置。但完全放棄申請還是一個重大的決定，我陷入迷茫與躊躇，使我下定決心考分科的想法是：如果我就這樣進入高醫，我一定會後悔為何當初不給自己一次拚搏的機會。同時，我認為不可能同時兼顧二階面試與分科測驗，於是我最後決定完全放棄高醫的面試，全力準備分科測驗，專心致志才得以成功。

分科測驗的準備，我分為兩個階段，第一階段以觀念為主，將選修課程全部複習一遍，在自己較弱的科目上同時使用多本參考書，以便迅速增加熟悉度。

當複習完高中範圍後，就可開始練習全範圍模擬考。對自己的實力較有信心者可以從北模開始練習，其餘可從全國模開始；練習時必須計時，並且確實批改與訂正。

模擬考的作用在於練習做題節奏和挑出自己不熟或錯誤的觀念，不需過度在意成績。

此時犯錯並不可恥，反而能使自己更加進步，更知道自己的弱點為何，並加以補強。

做題時若發現有觀念忘記，

完成考卷後必須立刻翻閱相關的內容複習。多次翻閱也能使容易忘記的內容在考場上得以應用自如。當所有科目都複習完畢，就可將時間全部投注在模擬考上，並依照分科測驗的考試時間作息，像是物理的考試時間就用來書寫物理模擬題，依此類推，讓自己的大腦能熟悉一天考四科的疲勞轟炸，清楚知道什麼時間要處理什麼類型的科目與問題。多次的練習能排除考試當天可能發生的意外，讓自己在正式考試時不會失常。

最後分享考前幾天應該做的準備，考前最後幾天不需要再做新的模考題，可以把自己做過的題目再拿起來翻看，再複習一點內容，不過最重要的是要保持愉快跟放鬆的心情。倒數100天跟倒數1天，甚至是考試當天，都是24小時，面對一樣的科目，讓自己的精神狀態跟平常一樣，作息與心境如同平常，就不會失「常」。

考試當下，千萬不可卡題，你不會的題目別人同樣也不會，同時也不必因往年的級分標準而沮喪，像111學測數學A沒人預想到15級分標準會掉到78分。什麼事都可能發生，不要因為原始成績不好而沮喪，轉換心情考好下一科才是當下的首要任務。

面臨考試時不免有壓力，也會因種種挫折而打擊信心、自我懷疑，此時不仿找個好友聊天紓發一下心情，放鬆一下，重拾勇氣再出發。

同時，相信自己高中三年的累積，相信自己念的每一個字，寫的每一份卷，都是一步步的朝向夢想邁進，相信自己一定能達到心中那個目標。疲憊時，想像成功之後收穫的豐碩果實，放榜日喜極而泣的自己，堅持到最後一刻。心之所向，也就在前方觸手可及之處。

第七章

二階面試
這樣準備

劉主任話重點

「一點點練習，比講一大堆道理更有用。」——甘地（Gandhi）

在申請大學入學的漫長路上，最大的壓力大概就是學測考試，然而第二階段的面試，對同學來說也是個極大的挑戰，原因是同學在求學的過程中，較沒有邏輯思考及自我表達的機會（在網路上發表留言、或是貼文、限動或抖音短片等等，嚴格來說並不算在正式的「自我表達」範圍）。

因此，學測第二階段，大部分校系都會採行的面試甄選，可說是同學們在人生中第一次把自己的想法整理好並適當的表達。

其實二階面試跟以後的職場面試是很相似的，同學越早開始學習、練習、適應，對未來會很有幫助。

主任在這邊整理了一些大學教授朋友對這幾年來參加二階面試的「心得」，也提供給大家參考：

一、思考與表達都要注重邏輯

無論是哪個領域科系的教授，都很看重學生的「邏輯性」，也就是能夠透過書面資料或口語表達把事情講清楚的能力。

然而很多的教授朋友告訴我，這幾年他們發現臺灣的大學生普遍

缺乏的，正是邏輯能力，即使是頂大的大學生，在課程需要做簡報或書面報告時，表現不太理想的大有人在。反過來說，一旦教授在面試你的時候，發現你僅是高中生，卻能展現相當程度的敘事邏輯，便會是很大的加分項目。

二、用具體事證來凸顯出你的與眾不同

在面試一開始的自我介紹裡，同學多半會從自己的個性、人格特質或興趣來說起。但其實教授通常最想知道的是：

「你為什麼要來申請這個系？」

「你有什麼特質是別人沒有的？（而且是非常適合這個系的、教授一定要選你，不然就太可惜的那種特質）」。

所以在介紹自己時，別忘了把興趣、專長與特質與你對這個系的瞭解做連結。**最好也能藉此說明自己的申請動機，並且一定要舉出「具體的事例」來證明。**

因為就面試程序設計來看，一個科系的教授群要面試三到五倍的錄取學生數量，往往最後每個學生只能分到十分鐘的時間（甚至更短）。這時如果同學給的答案很表面、普通或是跟大家都差不多，就很容易「淹沒在人海之中」。

三、平時把握機會多練習口說表達

所有的演說家開始時都不擅言詞。口齒清晰度、咬字發音及講話聲量等等的口說表達技巧，絕對是可以、也必須練習的。

同學們平常可以提醒自己在說話的時候，盡量講出「完整的」句子，咬字發音也不要因為便宜行事而模糊帶過。

在真正開始準備二階面試時，也可以對著鏡子或用手機先把自我

介紹錄影下來，或是找老師、家人或同學幫忙聽聽看自己需要改進的地方。

此外，也建議同學**把二階面試考古題的回答綱要或重點，先仔細思考清楚後，再寫下來，藉此來釐清思緒，更有助於回答時的邏輯與深度。**

雖然很多同學都會因為緊張而怯場，大學教授也可以理解，但面試畢竟是判斷一名學生表達能力好不好、甚至是檢視他所提交的書面審查資料是否真實且實在的關鍵，所以同學們一定也要好好把握這個與教授第一次接觸機會，充分準備，為自己的甄選加分！

憑藉理想與能力
找到人生發展方向

康元輔＿臺南一中 ▶ 臺灣大學醫學系

　　我向來對於課業有莫名的壓迫感，大約是幼年時父親管教嚴格的緣故，他要求我準時寫完學校和另外買的講義作業；也因為我不斷享受著蟬聯段考第一名所帶來的成就感，故而那時總擔心「下次段考要是拿了壞成績，豈不身敗名裂」？這無疑是不健康的念頭。

　　隨著進入中學，對於知識學問與讀書方法，開始有了新的想法。我認識到自己熱愛學習——語文的瑰麗想像、科學的嚴謹剖析皆著迷於其中；其次，我認識到知識有用，如公民課法律、經濟與生活密切相關。

　　因此大體而言，我願意學習，但還是不得不面對評量學習成效的分數。某幾次考試實在不能理解為何要考這道題目的道理，那回歷史課要我們背誦印度伊斯蘭教政權君主的名字，我覺得有點討厭；但不背，成績拉低、排名落後，影響升學形勢，似乎不值得，因

此有時我非得學習。

我在高二下時決定學醫，出於我對生物學的熱愛、對醫學的使命感、對服務的渴望。我的目標遂成了學測60級分，以跨越一階門檻，但我要如何達成這個目標？

分析各科學習特色與學習資源 結合自身能力，訂下學習計畫

學測考國、英、數、自四科，先以國文為例：國文分國綜與國寫，各占一半分數。首先說國綜，因為我很喜歡國文，上課聽得入迷，學好並非罣礙。國寫就不一樣，一年級時，國寫只有在段考時練習，縱使老師悉心講解，還是不夠，國寫需要反覆練習及有人指點，這正是我欠缺的。我就向同學打聽，得知某補習班每週讓學生寫一篇作文並會幫忙批改，對我而言是莫大幫助，因此決定去補習。

高中生物除了算遺傳機率以外，大抵定性描述，用背的就能學好。因此我藉由讀參考書與老師的幫助，加上對它的喜愛，並意識到生物是醫學的基礎不得馬虎，將高中生物學得精熟。

數學科，我上課時會很專心聽講，並安排好每週該釐清的觀念、該完成的習題，如此我就能跟得上進度。

總之，我分析各科學習特色與學習資源，再結合自身能力，判斷該如何學習。

二階的挑戰
嚴格律己，不敢鬆懈

但到了二階的審查資料、實作、口試，又是另一挑戰。我的父母並非醫師，所以我僅能透過師長、同學以及補習班獲得幫助。

我十分珍惜這些資源，並瞭解到這次學測60級分是千載難逢的大優勢，故而更加努力。從早到晚複習實作與練習

口試，不敢鬆懈，怕未來後悔。

學習過程中也有許多心理起伏，未經世事的我時常這麼想：我憑什麼懈怠？人類所有的成就靠的都是艱難困苦。我肯定在追求真理，我肯定身肩著重責大任，我肯定有著屬於我的使命，「士不可以不弘毅，任重而道遠」，我憑什麼懈怠？——每個人都有其稟賦與限制，孫子所謂「先為不可勝，以待敵之可勝」，我能做的便是充分利用所擁有的資源，至少讓自己無懈可擊——趕緊把物理習題寫完吧，要不被人超車了，怎麼錄取夢寐以求的校系！如此想法鞭策我往前，迫使我時時安排進度，檢討成果。

回想起學測前幾個月，我確實對自己十分嚴格，刪除了影音軟體，還鎖機，每天早上8點到凌晨1點排滿模擬考卷與題本。這麼做誠然有莫大成效，但總覺得走火入魔了，於是轉念一想，只希望能「仰不愧於天，俯不怍於人」，真誠對待、感激並無愧於父母、師長、朋友、我所獲得與失去的。I've tried my best。至於結果如何，上天自有安排。日後腦中浮現什麼想法，卻不得而知。以上出自於狂妄不羈的高中生之語。大學的學習心得與方法肯定與高中不同，等著他在大學狠狠地被教育一頓吧！

社團活動與科學競賽鋪實我前往醫學的道路

高一時，我加入科學研究社。高二時，我加入醫學研究社，到成大醫院參觀大體解剖、學習基本救命術等，鋪實我前往醫學的道路。

高一時，為配合日後的獨立研究課程，老師安排我們閱讀期刊論文，並撰寫報告的作業。這不僅訓練了我查找資料的能力、熟悉英文，還能當作新課綱的課程學習成果。恰好當時頒發諾貝爾獎，我便以「諾

貝爾生醫獎細胞缺氧機制」為主題，探討箇中道理。之後這個成果成為繳交給大學的三個課程學習成果之一，並獲得「旺宏科普閱讀心得徵文表現優異證書」。

高一下，我們便著手科展。原以「草履蟲受電磁場的影響」為題，後因難以量化，轉而研究「蜂蟹蟎在不同溶液噴灑下的影響」，但同樣因定量問題做得不嚴謹，並無殊榮。有鑑於此，我與科展的組員決定報名小論文，期待能收之桑榆。我們以「新冠肺炎」為題，整合有關於COVID-19的病毒學、免疫學、臨床、疫苗的學術期刊，完成一份以英文書寫的報告。最終獲得小論文優等，另外稍稍增刪後上傳課程學習成果。

APX是交大辦的考試。第一階段的線上筆試難度如同指考，值得分享的是第二階段面試。面試要我們以時事為題，製作簡報，向教授報告。於是

我研究新冠肺炎疫苗與福島核廢水排放。

生物科面試中，教授說我找了許多資料，問我有沒有應用或發明？這樣才看得出學生有無創造力。我一時回答不上來。教授接著問得更明白：「如果你是科學家，希望能解決什麼問題？」

我勉強回答，「希望能找到更有效的DNA疫苗佐劑，能抗高溫或加強免疫反應……。」最終不知如何，我仍獲得生物與化學科特優金牌獎。

最後，我高中三年過得很充實，成長許多。最寶貴的是，憑藉理想與能力（暫時）找到了人生的發展方向。

學制在變
但夢想不變
放手去追吧

陳品澔＿臺中一中 ▶ 高雄醫學大學牙醫學系

大家好，我是陳品澔，畢業於臺中一中，目前是高雄醫學大學牙醫系的準大一新生。

我必須說不是每個人都適合考試，考試的兩大要素是決心與毅力，兩者缺一不可。無論何種原因，我相信每個目標是醫學系的考生的心中，都有一個一定要成為醫生的理由，這個理由會成為接下來備考生活的信仰和支柱。

當你在備考期間徬徨無措時，請靜下心，想一想，當初為什麼會選擇這條路？為什麼會想成為一名醫生？

我自己是受小時候的牙醫師啟發，是他讓我知道，原來看牙齒可以不是一件可怕的事情，因此才萌生想要投身兒童牙科的夢想。

專注在自己的進度與進步上
不要因為別人的閒話
而喪失自信和動力

考試過程一定是辛苦的，尤其是面對新的制度，需要對

之前的讀書方法進行調整，找出過往失敗的原因。正所謂「成功就是讓每一次的失敗都有意義」，唯有修正這些細節，才能讓接下來備考的過程事半功倍。

過程中還可能面臨其他人的質疑，因為他們看不見我們的努力。

「每個人都要學會為自己的人生負責」，所以備考的時候，專注在自己的進度與進步上，不要因為別人的閒話而喪失自信和動力。

這一年的生活必然會是枯燥的，日復一日的作息，寫不完的模擬考題，尤其當看著其他同學在學測就申請上學校，而提早放假。但轉念一想，撐過了這一年，就會拾得成功的果實。

即使沒有成功，未來也不會留下遺憾，因為我曾經努力過。

固定的時間讀書與休息是我上榜的關鍵

我認為重考這一年除了幫助我瞭解108新課綱外，最大的幫助就是調整我的作息，固定的時間讀書與休息，讓我的生理時鐘比去年正常許多，我認為這是自己上榜的關鍵。過去的我總是埋首硬撐，但是今年我在排讀書計畫時，排入適當的休息與運動時間，我得以在壓力過大之前小小放鬆一下，或是透過運動釋放這幾天的壓力，讓我在精神與身體上都比往高中時健康許多。

好的時間管理是學習過程中很重要的一環。我以每一週為單位，製作讀書計畫，讓我可以很清楚知道自己過去讀了什麼、現在要讀什麼，以及掌握未來進度。

在科目的安排上，我會盡量每天都有讀到每一個科目，除了保持熟悉度外，也避免同

一科讀太久容易疲倦的情形，以此增加讀書的效率。

我認為自己是一個依靠聽覺學習的學生，因此在上課的時候，我會認真聽講，而不是埋頭抄筆記。在有效的吸收老師所講的東西之後，我會再和同學借筆記，做為複習上課的內容；確定將觀念吸收後，隔幾天再用題目檢視自己的學習的效果。

新課綱考題應答技巧
先確定題目想問什麼

為了熟悉這次新制度的考試，我下載了當年全區的模擬考題，在考前一個月將這些寫完。除了更熟悉今年的題型外，也大範圍的檢視不熟的單元，在大考前最後一次的除錯。

寫過這麼多題目後，我發現108課綱的文章多半較長，題目也較需要結合不同觀念及領域，因此我都先看完題目，確定題目想問什麼，再從文章中找答案，最後歸納出該題的考點，再去判斷答案。

其中，我想特別補充英文作文的部分。首先很重要的觀念是，英文作文和中文作文的寫法不同，英文作文比較注重自己的經驗和想法，若選擇有創意的題材是非常加分的。英文作文是單字和文法是日積月累的結晶，所以平常就要多增強自己的字庫與選題能力。架構的部分可以多看看範文，試著分析不同的寫法，培養自己寫作的敏銳度。

二階面試不緊張
看著鏡子練習自我介紹
並錄影檢視

牙醫學系的二階考試包含口試和術科。口試的部分，我建議找專業的補習班，因為他們有考古題和很多的醫學知識資料。我讀了許多醫學領域的知識和新聞，讓我在實際面試時言之有物。除了去補習班

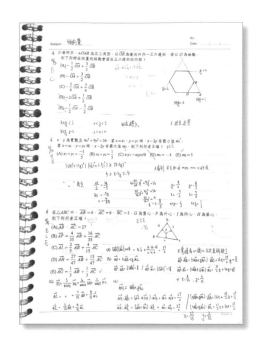

上課時，我會認真聽講，而不是埋頭抄筆記。在有效的吸收老師所講的東西之後，我會再和同學借筆記，做為複習上課的內容；確定將觀念吸收後，隔幾天再用題目檢視自己的學習的效果。

外，平時在家也要多看新聞，尤其是國際新聞和醫學新聞，因為有些題目就是從時事引申而來。

此外，我推薦看著鏡子練習自我介紹，並加一台手機在前面錄影，以便檢視自己的台風和儀容。

術科則是利用準備面試的閒暇時間多看多做，我自己是會放一塊蠟塊和大肚刀在鉛筆盒內，這樣課堂中的空檔就可以稍加練習。平時也可以多留意生活中光影的變化，如此在素描時能更掌握光影之間的對比。

最後，考試是一段考驗意志力與努力的過程，尤其是面臨到新的課綱，我們必須重新去適應，但是不論外界的環境如何，盡可能地將自己往前推吧！因為雖然學制在變，但夢想不變，既然下定了決心，那就放手去追吧！

機會永遠是留給準備好的人

黃柏晟__衛道中學 ▶ 陽明交通大學醫學系

讀書，猶如嚼食榴槤，初時會為其濃烈氣味所懾，但一嚐後將回味無窮；也似打一場以少敵多的仗，以凡人之軀讀無窮之書，不免偶爾感到疲乏倦怠，因此愛上並有效讀書將很重要。

把握正確讀書態度，就是成為一位準備好的人。當新課綱來臨時，將帶給你機會大展身手。因此，讀書的方法成為最重要且應該培養的事。

讀書上，最重要的即是放大各種資源的價值。高一時，我跟國文老師說已讀完一篇散文，老師卻對我說：「你其實對它一無所知」。

老師談及正確的閱讀方法應分為針對一本書精熟閱讀，或針對主題進行廣泛閱讀。精熟閱讀應把握分類、詮釋、評論；而主題閱讀應重視界定議題、分析討論、達成共識。

因此每當讀完一本書，我會問自己：它整體在談什麼？哪些翻轉或對應我的觀念？其

論據根基於何？一一回答，並整合成屬於自己的筆記。

如此讀書可以使自我的資源達到最龐大的效益。

勞逸結合
產出最大效益

讀書時常會遇到挫折，最重要的是能夠有良好的抒壓管道。不放棄的人才能成功克服挫折，機會來時才有充沛的精力，足以一飛衝天。我最重要的紓壓管道是閱讀武俠小說。在國小考私中的前一天，我還拿出來看了一下，被父親的朋友要求父親要阻止我，說那會像毒品腐蝕人的心智。

然而我從小就認為娛樂是必要的，但需要有所節制，在讀書之餘從事有興趣的休閒活動，反而可以像火箭的推進器把你衝向更高峰，在讀書時更專注，吸收力更強。但在休閒時應設定時間，鈴響，立刻回到原有的崗位。如果無法立刻回神，散步幾圈或朗誦課文就可抓回讀書的感覺。

與家人互動
充足心靈馬力

讀書會造成心神緊繃，有時與父母談天可以放鬆心情，並有更強的精神氣力繼續面對課業壓力。人難以時常位居於高峰，當遭遇低潮時，愈想突破卻愈容易深陷泥淖，這時若能先休息，轉而將注意力放在家人，可以讓我的心情逐漸開朗。

疲倦時，我會與父母聊天。有時，父親也會跟我述說他的相關讀書經驗，互相驗證中可以發現許多有趣的事情。有次作文，我還運用父親的觀念寫在文中。

在那樣的情境中，我得以舒緩心靈，讓自我跳脫持續追求課業成就卻難以得到的困擾，而在家庭經營取得成就感。

面對多元的新課綱
保持熱情、充滿自信、
堅持前進

我讀了三年的新課綱，它所強調的是多元的精神。我在衛道高中度過了精彩的三年，其中老師教導我們應培養並具備良好的態度來迎接，在這裡也跟大家分享。

第一是確立自我的目標，而持續追索。在高中許多生涯規劃課程應仔細思索並定向，而制定一份高中三年的計畫。我在高一決定從醫志向，於是我找出有興趣且相關的課程，並分配於自主學習、課程成果、多元表現等去展現。

第二是喜歡上所有需要處理的事。面對變化的事物，我總是樂觀且思索從中有利的方向。在高一上結束時，我們接收到不能在課程成果中有連結的訊息，震懾多人，我卻決定針對一些成果重新製作再展現，後來不但符合要求，也更為完美。

第三則是要充滿自信心。進行一項新事物，難免會遭受到一些意想不到的挫敗。高一期末，學習歷程繳交期限、藝能科作業、學業等等許多事物接踵而來，令我喘不過氣，我決定一一設計計畫表，按部就班，依照計畫有效率地進行，最後圓滿完成。能夠完成的要點乃在於我擁有自信，願意向前，因為我相信「寧折斷骨頭，不可放棄信念」。

面對二階的考驗
積極練習、勇敢面對

二階的考試對我是一項全新的事物，其中面談是相當重要的一個環節，甚至是勝敗的關鍵。我認為需掌握幾個關鍵：

第一，擁有積極的態度。我在面對二階時相當緊張，但專業的補習班給予我資料與方向讓我有跡可循，而我也積極

的詢問、參與練習、提出問題，最終才能有較好的結果。

第二，有面對的勇氣。在這個時期，許多人總是會過度擔心、害怕無法用最完美的答案回覆問題。然而，這時更需要面對這些問題，接受它，進而處理它，讓它成為自我助力。

我在練習面試時，曾經才講一下話就乾掉，但經由不斷的練習、修正、詢問、討論，最終可以自動變換語氣講述。當然其中也遇到許多困難，包含對於特定議題不熟悉、過度緊張引起的慌亂等，但我皆鼓起勇氣一一克服。因此，面對的勇氣相當重要。

將讀書化為興趣
保持熱忱，不忘初衷

楊翔安＿＿建國中學 ▶ 臺灣大學醫學系

高中三年時光荏苒，轉瞬間，我已從那個懵懂青澀的高一新生，轉變成了成熟穩重的大一新鮮人。

學測放榜後的暑假，我常回顧起這三年的求學路。我這才驚覺，這如過眼雲煙的三年歲月，其實處處充滿著努力奮鬥的痕跡。

要瞭解自己的學習狀況
並隨時做出彈性的調整

學測的準備幾乎是所有高中生都會面對到的重大挑戰。當時的我和兩名朋友組成了學習小組，並按照其中一名成員排定的讀書計畫來執行複習任務。

然而，對於當時高二升三的我而言，學測不僅僅是我唯一的目標。為了完成自己的夢想，我在高中生涯最後一年的暑假，投入了許多心力準備數理及化學科的競賽。準備競賽之餘，再利用剩下的時間，努力將當週排定的學測進度複習完畢。雖然辛苦，但我卻也樂

在其中。

　　我想說的是：即便肩上背負著繁重的壓力，若能妥善利用時間，規劃好進度，便能在準備大考的過程中，達到事半功倍的效果。若能將讀書化為興趣，保持熱忱，不忘初衷，便能在準備考試的日子裡保有前進的動力，樂此不疲。

　　準備學測的過程卻也不是一帆風順，歷經了幾次模考，我發現自己最弱的科目是國文，在作答時往往會遭遇困難，導致結果不甚理想。這樣的困境曾使我陷入慌張、焦慮，甚至質疑自己的能力。然而，我隨即從自我懷疑的陰霾中振作，仔細分析自己的學習方法，並針對弱點做加強。瞭解自己的學習狀況，並隨時做出彈性的調整，是在準備大考時不可或缺的能力。

二階面試的準備與建議

　　學測完後絕不是鬆懈的時刻，二階的準備才是決定你能否錄取該校系的關鍵。雖然對醫學系有著嚮往，我卻也不願輕易放棄對於數理的熱愛，於是，我毅然決然決定同時投入醫學系（臺大、陽明、北醫）以及臺大電機、資工的準備。

　　二階準備的過程是高三生涯最辛苦（痛苦）的時期，除了製作兩個不同領域的備審、複習數學和物理的二階筆試，還需沒日沒夜的準備面試資料並實際演練。

　　備審的製作，我首先參考了學長留下的資料，並結合自己在高一、高二製作的學習成果（例如：自然探究與實作報告）及高中的競賽表現來進行撰寫。過程中，請學長姐和師長幫忙閱讀，並歷經無數次的修改及校正，才在截止日期的前幾日完成。

　　面試的部分，則是要整理許多醫學相關的知識和時事，並透過大量的練習及思考，讓

自己在論述時能夠有條理的講述看法。練習時，可以和同學組成面試小組相互出題、共同討論，也可以找家人模擬面試的情境，增進自己的口條及臨場反應力。

準備二階固然辛苦，但是我卻不後悔，因為在過程中我看見了自己的毅力與堅持，大大增廣了見聞，也開拓了我的視野。結果也是好的，我順利正取了所有申請的校系。這對我而言是一個很大的肯定，同時也提醒著我，應該持續精進自己，在未來要為人類社會帶來貢獻。

參加分科測驗，檢視自己在高中三年的學習狀況

儘管在個人申請已經錄取了大學，我仍希望參加分科測驗。畢竟，分科測驗考的是高二及高三的選修內容；換言之，這是檢視自己在高中三年學習狀況的一個很好的依據。

最終，我的分數可以錄取臺大醫學系。這之中固然有一些運氣成分的存在，然而我認為，更重要的是我在過去兩年多所付諸的努力得到了肯定。即便我的天賦並不高，更非聰明絕頂的資優生，但我卻肯付諸行動，在這三年的歲月裡努力耕耘，慢慢累積實力。我深深相信，所有的付出與奮鬥，終將幻化為一條康莊大道，帶領每一位學子迎向嶄新、亮麗的未來，完成屬於自己的理想。

最後，我想以《牧羊少年奇幻之旅》中的一句話來勉勵奮鬥中的莘莘學子：「當你真心渴望某樣東西時，整個宇宙都會聯合起來幫助你完成。」

在挑燈夜戰的夜裡，我也曾迷惘、也曾失去方向，每當放棄的念頭再度出現，內心中總會浮現出這樣一句話。於是，我遂有了持續邁進的動力，珍惜每一個存在的當下，踏實築夢。

第八章

各科名師
亮點學習法

時間的累積，就像是複利，一開始感覺差異不大，
但是日積月累後，自然會提升程度、增進能力，
而且成功就在不知不覺中形成，完全不費力。

❖EASY讀國文選擇

　　面對 100 分的國文選擇以及混和題型的測驗，常讓學生有大海撈針、茫然無依的感覺，不知該從何處入手，甚至放棄不讀，直接進入考場「猜猜樂」，感覺非常不踏實。會造成這種現象，是因為國文為我們慣用的母語，常常讓人忽略它的難度，總以為不用特別下工夫準備，就能夠自然而然水到渠成。或許一般生活上的聽說讀寫可以如此，但是學測的考試內容，除了日常生活的運用，還有深廣的經典文學與文化典故，若是沒學過、沒記憶過，很難真正讀懂。

　　尤其是文言文、古詩詞中的生難字詞，就像是英文單字，不背就不會，背愈多、愈熟，那麼看懂、能靈活運用的機率就愈大。而且這一定會影響現代文學的閱讀能力，因為文言、白話之間的脈絡是無法斷然切割的。總之，記憶是學習語文科目最有效、也最重要的基本功夫，熟讀熟記，才可能幫助自己更上層樓。

　　只要是考試，就一定有答案，就一定有破解的方法。你曾經歷過的國中會考、正在準備的學測國選、未來可能挑戰的國家考試，都是一樣的，只要是考試，都有答案，都可以準備。

準備國選的原則就是：拉長時間去記憶、寫題目。

別人考前念三個月，囫圇吞棗、痛不欲生且成效不彰。那麼你就花兩年的時間念，一天念十分鐘，天天累積，反覆記憶，不僅不會覺得辛苦，而且效果會十分驚人。

一天朗誦兩課古文，兩年下來，15 篇古文至少可以讀 100 遍。

一天念一頁形音義，兩年下來，100 頁的形音義可以讀 7 遍。

一天記憶一個作家，兩年下來，50 個古今作家可以讀 15 遍。

一天去寫一篇閱測，兩年下來，至少可以寫 700 篇閱讀測驗。

時間的累積，就像是複利，一開始感覺差異不大，但是日積月累後，自然會提升程度、增進能力，而且成功就在不知不覺中形成，完全不費力。

❖EASY 寫國文寫作

寫作是語文能力的總檢驗、總輸出，所以難度是高的。不論你自認寫作能力如何，面對考試，不能掉以輕心，也不要輕言放棄。

請從考古題入手，一個月弄懂一個題目，兩年可以精熟 24 個題目。

何謂精熟？就是出到一樣的題目，你可以從容應答，並獲得 B+~A 的成績。如何精熟？自己先寫一遍，然後找出大考提供的範文，分析你最喜歡一篇的結構，並吸收其中的材料。沉澱內化之後，模仿範文的結構，再寫一次。

只要你願意：實際寫作、理性分析、虛心吸納、模仿運用，如此反覆操作，應付考試作文，成績必定斐然可觀。

> 單字量絕對是基本功，可藉由詞類變化學習衍生字，
> 如此學一個字等於學好幾個單字，快速擴大單字數目。
> 並多嘗試使用《英英字典》查單字，習慣從英文定義理解單字。

112 年學測英文科命題方向，必定會向新課綱（108 課綱「全球素養（global competence）」）精神靠攏。其實，同學在準備 112 年學測時，不妨參考 111 學測英文試題命題方向：

❖第1大題詞彙題

特色：生活化命題。大部分句子不難理解，句子長度都在 20 字上下。選項中用字多為 level1- 4 級的單字，這也符合 7000 單大幅下降後的 4500 單字範圍。

準備要訣：同學不用刻意背誦大量的艱深單字，但仍建議欲取得較佳分科換算分數同學，level 5 - 6 級的單字仍然需要熟讀。

❖第2大題綜合測驗

特色：科普與環保命題。句子明顯變長，不論是本文或選項，都出現較多的 level 5 - 6 級的單字，但句構多以複合句為主。同學需解構句子後方能讀懂句意。

4500 單字測驗範圍，僅限第 1 大題詞彙題。此外，這次考題選項也出現了國中會考常出現的「文意克漏字」，即不考單詞、改考句子的一部分，同學解題時不能「斷章取義」。值得注意的是，這

兩篇文章均出現 concentrate（集中）這個動詞，因此同學背單字時，不能只背該單字的第一層意思：專心。

準備要訣：

1. level 5 - 6 級的單字仍需熟讀。

2. 平時閱讀領域必須廣泛，多涉略環保、科學方面文章。

3. 留意單字的『一字多義』考法。

4. 平時訓練從前後文擷取文章重點的能力。

❖第3大題文意選填

特色：總字數明顯變多。這非常符合新型學測命題精神，文章總字數往往在 400 字上下，但僅 level 1- 4 級的單字，要完整理解本文，根本不敷使用。過往學測或指考，英文科十分喜歡考「某種發明、生活用品或職業的演變史」，本篇也在筆者意料中。

此外，遇到生字看不懂時，別緊張，學會從上下文推敲字義的技巧。遇到超範圍的專有名詞時，更毋須擔憂，學測文章必定會在該名詞的之前或之後，提供一定程度的解釋。

準備要訣：

1. 熟讀 level 5 - 6 級的單字。

2. 平時多閱讀雜誌或新聞網站上相關領域文章。

3. 必須學會解構複雜句的能力。

4. 精熟略讀和掃描文章重點的技巧。

❖第4大題篇章結構

特色：文意難判讀。原因是空格挖得十分具技巧性，文章內容由於是講述日本的盂蘭盆節，加上專有名詞較多，理解上較困難。

此外，同學可能不易看懂文章架構，抓不到全文主旨句或段落主題句，加上可能因為緊張而無法鎖定關鍵字，找不到正確的句子，最終，如果選錯一個答案，將可能導致連環錯。

準備要訣：

1. 平時就要訓練從上下文判讀專有名詞的理解能力。

2. 多所涉略文化範疇的文章，文化亦屬 108 課綱學習重點領域之一。

3. 必須學會解構複雜句的能力。

4. 學會關鍵字略解題技巧。

❖**第 5 大題篇章理解**

特色：考法多元、超範圍單字多。像第一篇考的是東非半遊牧民族馬賽人的文化，裡面居然出現了 circumcision（割禮）這個單字。本篇的第一題，則呼應新課綱素養題的精神：圖文整合能力，考了馬賽戰士的外表。第二篇則是考了工地帽（hard hat）的歷史演進，裡面出現頗多超範圍單字，且多數無法從前後文判讀其意義；第 39 題考分析歸納能力，考的是文中未討論到工作帽的哪個層面；第 40 題考不同材質工地帽出現順序；第 42 題考作者總共用了幾個不同的語詞來指工地帽。第 40 和 42 題都屬新型的素養考題。

第三篇屬於跨領域考題，考的是斑馬魚自癒能力的研究，能為人類醫學帶來何種進展，屬於跨越生物與醫學領域的取材，十分符合 108 課綱命題精神。儘管超範圍單字數量不若第二篇，但題目考法靈活，像第 43 題考文章主旨，且其他選項誘答性質高，同學容易誤判。第 45 題考超範圍單字 replicated（被複製的），同學只能藉由字根字首理解單字意思，或藉由前後文判斷出字義。第 46 題考哪

句話是作者的個人看法（opinion）、而非文章所陳述的事實（fact），旨在測驗分辨「觀點」與「事實」的能力，這也是素養題的考法。

準備要訣：

1. 平時需閱讀不同主題文章，可訂閱國外新聞 APP 不同主題的文章，以免在考試中遭遇不熟悉的主題與詞彙。

2. 訓練自己先從題目判斷閱讀重點的技巧，以其快速掌握文章重點。

3. 必須學會高中英文常用字首、字根、字尾，學會造字技巧，學測閱讀測驗文章易出現許多從高中單字衍生出來的詞類變化，比方說，produce 是「生產、製造」之意，加上字首 re- 後變成 reproduce（複製、繁殖）這個字。

4. 萬變不離其宗。閱讀測驗主要在考驗學生看懂全文主旨、結論，以及每段的主題句、支持句、舉例等。同學平日在鍛鍊閱讀能力時，就得不時以此方式練習閱讀思考、理解、歸納，以及統整能力。

❖**新型考題：混合題**

特色：結合人道主義與運動議題。主要考奧運會的「難民奧運隊」，全文幾無超範圍單字，句構亦不複雜，也許因為是新題型，文章內容並不難，明顯是改寫實事新聞並加以簡化成的考題。不過，第 47 題涉及理解文意、改寫（rephrase），介係詞用法以及詞類變化四種不同技巧，只為了解出 2 個填空題的答案，這恰恰反映了 108 課綱的學習精神——不讓學生死記單字，希望學生能融會貫通，學會每個單字不同的應用層面。

準備要訣：

1. 平時多涉略 108 課綱各命題領域相關文章。

2. 藉由詞類變化學習衍生字，如此一來，學一個字等於學好幾個單字，快速擴大單字數目。

3. 多嘗試使用《英英字典》查單字，習慣從英文定義理解單字。

❖**結論**

　　有鑑於新型分科考試（111 年以前稱為指考）不納入英語科考試，學測英文成為重中之重，許多頂尖科系必定採計學測英文成績。命題者為了提升其鑑別度，除了加長文章長度、引進新題型之外，素養題比重必然大幅增加。此外，題目及選項設計會朝引導學生思考的方向。

　　在各位看完我的文章後，可能會赫然發現，整份試卷從頭至尾，單字都扮演十分重要的角色，提醒莘莘學子切不可只研讀 4500 單字。還有，新型學測英文閱讀測驗主題包羅萬象，舉凡食物、文化、科技、生物學、網路、公民責任、永續經營、環保、兩性平等、地理、歷史、旅遊、時事新聞、醫療保健等，皆可能入題，同學平時不能只讀教科書，應多方涉略。

> 數學一定要動筆算，絕對不可以用看的。並且必須要求自己，每題都要算到最後的正確答案才能停止，因為平常所做的練習通通都會顯現在考試當下，同時要練習計算速度。

111 學測數 A 頂標（PR88）10 級分的原始分數只有 51 ／ 100 分，考到 15 級分的，全國只有 789 ／ 79834 人。

108 課綱之下的第一次學測數學考試驚嚇全國！重視素養的 108 課綱怎會讓大多數的老師與考生直呼：「這次考試真難？」全國 79834 人考數 A，有 70000 多人考不及格，就讓我們來好好分析臺灣學生的數學學習情況吧！

20 多年來，高中教學過程中最常看見的情況，就是同學們覺得高中數學可以用像國中一樣的方式學習就好（學完一題，馬上寫個幾題類似題、上完一個單元，就來算一本題庫、月考前幾天卯起來寫個 5、6 張測驗卷、國中會考前閉關一個月 K 完幾本總複習講義……等），這樣的短暫記憶法是無法支撐龐大且有系統的高中數學內容的，尤其面對新式情境考題，動輒 3 列以上的文字閱讀測驗、再搭配超量的計算過程，要如何能在一題最多 5 分鐘左右的時間內看懂題目、想到觀念，並且做到計算完成、驗算、填卡完畢等動作，我想這些都是需要花費很多精力與時間來學習與訓練的。

❖108 課綱亮點學習法

千萬不要覺得高中數學內容很少：教學通常剛好在平均 5~6 週

的時間內，會教完一次段考的範圍，而學校段考時間的安排也是 6 週左右，所以規劃每天、每週的學習時間就相當重要。

高中數學可以循序漸進的規劃，高一每天至少算 5~8 題，高二每天 10~15 題，高三每天至少 20 題（學測考卷就是 20 題）。

千萬不要用堆積一週的一次性算 40 題，這絕對是浪費時間且無效的動作！而如何算這些題呢？請看以下的方法：

1. **第一次學習的觀念一定要聽懂**：我個人一定會花很多時間去講解新觀念，再進一步讓同學瞭解觀念如何與題目相結合，並且學習能再變化的內容。建議同學只要聽不懂就一定要勇敢發問，問到會、問到全理解。知其然且知其所以然，是面對 108 課綱新式考題最佳的解決方法。

2. **善用工具記錄上課筆記**：上課認真專心聽老師教觀念與題目，絕對不要拚命抄黑板上的筆記，而沒聽到超級重要的重點，而且還有抄錯的風險。用手機將黑板全拍照起來，甚至將老師教課內容錄音起來（記得，要先徵求老師同意），如此一來，在回填筆記時就有了最正確的依據。

3. **當天的數學課程一定在睡前要複習一次**：人類的大腦很容易將不重要的事情「忘記」！為求當天所學能記憶更久、更深刻，務必將當天都沒抄筆記的空白題目，憑自己能力回填上全部的計算過程。最棒的就是再用紅筆註記上該題最重要的觀念在旁邊，如此一來，睡覺時大腦就會將這些二次接觸的內容移至大腦皮質「長久記憶」。

4. **找到數學題目的重點，發現關鍵字**：看完題目後的第一個想法，往往是此題是否能順利解出來最關鍵的一步，而找到關

鍵字（已知條件）亦是能將題目所求（未知答案）正確算出來的重點。我們以 111 學測數 A 的手寫題組為例，此題只要看到圓（想到圓心、半徑），長度 1 的掃描棒，就可以非常簡單地畫出 $1 : \sqrt{3} : 2$ 的 $30°$–$60°$–$90°$ 直角三角形，進一步就能解出答案是（4）。

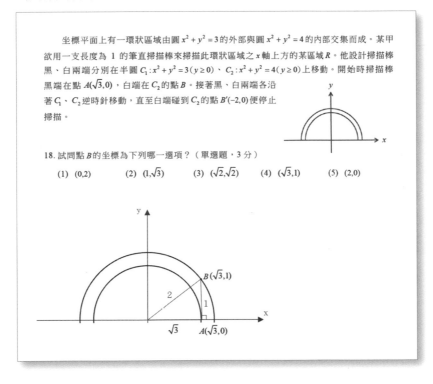

坐標平面上有一環狀區域由圓 $x^2 + y^2 = 3$ 的外部與圓 $x^2 + y^2 = 4$ 的內部交集而成。某甲欲用一支長度為 1 的筆直掃描棒來掃描此環狀區域之 x 軸上方的某區域 R。他設計掃描棒黑、白兩端分別在半圓 $C_1 : x^2 + y^2 = 3 (y \geq 0)$、$C_2 : x^2 + y^2 = 4 (y \geq 0)$ 上移動。開始時掃描棒黑端在點 $A(\sqrt{3}, 0)$，白端在 C_2 的點 B。接著黑、白兩端各沿著 C_1、C_2 逆時針移動，直至白端碰到 C_2 的點 $B'(-2,0)$ 便停止掃描。

18. 試問點 B 的坐標為下列哪一選項？（單選題，3 分）

(1) $(0,2)$　　(2) $(1,\sqrt{3})$　　(3) $(\sqrt{2},\sqrt{2})$　　(4) $(\sqrt{3},1)$　　(5) $(2,0)$

5. 徹底強化計算能力：切記，數學一定要動筆算，絕對不可以用看的。每天練習的題目數量，就是累積數字計算能力最好的方法，沒有捷徑。並且必須要求自己，每題都要算到最後的正確答案才能停止，因為平常所做的練習通通都會顯現在考試當下！我們曾經看過很多同學發生過，覺得這題自己會了，但最後因為平常都只算到一半，就認為自己會了，而導

致答案都寫錯，得不償失啊！還有，要練習計算速度，111學測數 A 至少就有 80% 同學的考卷是來不及寫完。

6. **一定要做錯題訂正本：**每次考試完都要將考卷徹底檢討，並做錯題訂正，將題目、計算過程、重要觀念都詳細的記在訂正本中。如此除了可確保下次不會再犯同樣的錯誤之外，還可以在考前複習大量範圍的時候，特別精準的提醒自己容易犯錯的內容，進而考出更高分。

7. **數學最重視的就是「邏輯思考」：**平常就養成多閱讀、多思考的良好習慣。在 108 課綱重視個人的數學能力與態度的情況下，如何能在各式各樣的情境考題中，辨識出數學問題、利用數學知識、運用計算能力，而做出正反思考，達成正確的判斷，我想這就是目前大家都在討論的「素養」了！

8. **建立學習興趣、成就感：**若上述條件皆能完成，在學校的平時考、段考通常能夠獲得不錯的成績。當人一開始優秀，便會習慣優秀！一開始考試考得好，就會有成就感，認為努力是有回報的，就會更進一步的認真、努力。當成就感出現，便會對數學產生更多的興趣，進而形成一個良性的循環，最終在大考時也能有優異的表現。

> 老師在出題之前，必定有一個想法，例如想讓同學練習二次方的乘法公式，可出拋物線來求頂點……由此可知，看懂題目在問什麼，瞭解出題老師想要你學會什麼，才是學好數學的最重要核心。

對於許多同學來說，解數學題目像國王頭上的王冠，拿下王冠意味著勝利，卻不知道該如何拿下。

試了許多方法，有時好不容易接近了一些，但題目換了個條件，一切得重新思考，彷彿在迷宮裡繞呀繞，不知出口在何處？

要解決這問題，得從迷宮如何設計，也就是題目為什麼要這樣設計來思考！

其實老師在出題之前，必定有一個想法，例如想讓同學練習二次方的乘法公式，可出拋物線來求頂點，也可給個二次多項式的最小值，反求二次式的未知係數，甚至可出双重根式的化簡……由此可知，看懂題目在問什麼，瞭解出題老師想要你學會什麼，才是學好數學的最重要核心。

那麼，如何把數學這科搞定，同學要做的事情就顯而易見了！首先，得將每個單元的基本觀念徹底弄懂，要注意是徹、底、弄、懂。

例如，分點公式，原本是用來求分點位置的，但要注意是求內分點，還是外分點，可用數線來搭配思考，但分點公式最大用途是「比大小」，但要注意若不符分點公式，則無法比大小，

例如：若 a<b，

則（a+3b）／4 比（a+b）／2 大，

但（a+b）／4 與（a+b）／2 就無法比，

因為 a=0，b=1 時，（a+b）／4 較小，

但 a= -1，b=0 時，（a+b）／4 較大，

這原因就是（a+b）／4 不符分點公式，故其分點位置不確定，所以無法與中點（a+b）／2 比。這些分點公式的概念，老師在課堂解釋時，都會一一說明，但同學是否全都聽進去呢？

聽懂老師的講解，只是第一步，第二步是題目練習；藉由練習，把整個觀念從頭到尾想一遍。

若做錯了，是計算錯誤？還是因為根本不能這樣做？

那應該怎麼做才對？還有其他做法嗎？哪種做法較佳？

當同學開始思考這些時，就跳脫以往傳統的「老師講，你聽」學習法，變成「你思考，你講給老師聽」。這種互動學習法，這樣一來一往，才是真正的學習。

再來，**練習「點─線─面」學習法**：看到題目時，先思考這位出題者想要你學會些什麼，該用何種觀念或公式去解，這稱為「點」，因為「這一題」可解決了。

這題還有其它方式可以解決嗎？哪種方式比較好？為什麼你會選擇此解法？若題目換個條件，你還是同樣解法嗎？這稱為「線」，因為「題目」與「觀念公式」，這兩者的關聯以「線」串起來了！

最後，此觀念或公式，還可以怎麼應用？什麼題目適合此做法？什麼題目不適合此做法？這稱為「面」。因為你開始思考其他題目

與此題共同之處，也開始思考不同之處該如何處理，開始思考各種解法的差異，如同某手機遊戲，出新角色，這先角色怎麼用（點），哪個關卡或副本適合此角色（線），此新角色與其它角色差異在哪？該怎搭配？哪一關不適合此新角？為什麼？（面）

　　當同學也用這種研究手遊的精神，來學習數學，相信數學一定越來越強，對吧！我們共勉之，祝爬分順利，數學也爬分順利！

> 多數人都覺得物理很難，
> 主要的原因是物理注重「邏輯（logic）」思考。
> 而我們的文化與環境，欠缺這種訓練。

「下雨地會濕，故地濕代表下過雨。」這就是典型的邏輯推理錯誤。諸如此類的概念：金屬都是導體，所以導體都是金屬；可見光都在巴爾麥系，故巴爾麥系都是可見光。

學生會過度擴張解釋，導致產生錯誤觀念。所以我常說，你要正確理解課本的意思，不是亂解／誤解課本的意思。中文語意的本身歧異度又很高，增加了理解物理的難度，因此讀物理絕對不能斷章取義，要根據前後文，來判斷語意與理解，確定 100% 理解課本的意思。

科學必須經過嚴格的邏輯推理。常常你以為的「見微知著」，卻是「以偏概全」。這種思考的「慣性」，是造成物理觀念錯誤的主要原因之一。愛因斯坦說：「常識就是人到 18 歲為止，所累積的各種偏見。」要打破人的偏見比崩解一個原子還難。物理就是打破一般人的偏見。

❖ 學物理，定義比觀念、公式、背題型更重要

學生典型的錯誤觀念是：物理往右動，是因為受到往右的力。此即為亞里斯多德式的直覺。

這其中，關鍵就是一般人所謂的動？物理有分「速度」與「加速度」。當你使用一堆不精準的名詞去解釋，就容易產生誤解。大家常說學物理觀念很重要，不如說，先把定義講清楚，才有辦法用精準的名詞去理解物理觀念。就是我常講的理解必須到位。

物理觀念辨正：

【誤解 1】：$v=0 \to \Sigma F=0$

【正解 1】：v 恆 $=0 \to \Sigma F=0$

牛頓第一定律的關鍵字是「恆」，少了一個字就是誤解。

【誤解 2】：$\Sigma F=0 \to v=0$

【正解 2】：$\Sigma F=0 \to \Delta v=0$

速度的變化與速度也不一樣，差一個 Δ 也是誤解。

所以當我們看到一個名詞時，養成一個習慣，第一步要先問定義是什麼？

❖ **物理講的是因果關係／因果律，相關性不代表因果性**

物理原文書的文法其實很簡單。

A is B. 先定義名詞與觀念。

然後，$\because$ A $\therefore$ C。

但一般人會看到發生 D 後又發生了 E，然後就會說 $\because$ D $\therefore$ E

「今天星期日，下雨。」

請問星期日跟下雨有什麼關係？答案是沒有關係。

學生會說：可是今天有下雨啊！

星期日，下雨。不代表星期日是下雨的因，也不代表下雨是星

期日的果。

　　要記住：「特例不能證明通式，特例只能推翻通式」。

　　星期日可能下雨，可能不下雨。下雨日可能在星期日，也可能不在星期日，故兩者無必然性。就算你舉 100 個星期日有下過雨，就算根據統計，星期日比較容易下雨（基隆一年有 300 天下雨，然後下雨引發地震？），也無法得到邏輯的必然性。

　　科學理論必須正確，無限多個例子都要對，你舉 1 個、100 個、1000 個例子，也不能證明這件事。

　　「張惠妹得金曲獎，張惠妹是獅子座的，故獅子座的人很會唱歌。」請問獅子座跟唱歌有什麼關係？答案是沒有關係。就算獅子座的人比較會唱歌，那是統計學，不是科學。

　　台股與美股的相關係數高達 0.7~0.8；下雨伴隨打雷；…….。相關性不代表因果性。我們現在講的是科學。

　　簡單說，我們生活中體驗到的是「經驗」，不是「實驗」。某報導某某人打了疫苗，然後死掉；某某親朋好友開刀然後死掉；你去某地旅遊，結果被搶；……這些都是「經驗」，不是「實驗」。實驗要有控制變因，要雙盲試驗，要有對照組。法律用語，沒有程序正義，就沒有實質正義。沒有嚴謹的科學實驗程序，所得到的結果，都不能稱為「科學」。

　　骰子連續出現三次小，第四次要押大還是小？出現大的機率比較高？我們受困於「人性」，而無法達到「理性」。第四次出現大小是獨立事件，第四次出現了大，人就會自己很厲害，其實是「屎到」（其實，當老師問 A 還是 B，學生屎到率可能高達 50%）。如果出現了小，就認為運氣不好，或是這是異例（anomaly），這次不算。這樣的態度只是加深了偏見，是一般人的心態。

因此，學物理，因果論證要講清楚。

最嚴重的邏輯錯誤，一般學生看不太出來，甚至一般物理老師也不自知，無形中把錯誤的觀念灌輸給學生。為何會發生折射？因為折射率不同。這是倒果為因的解釋，折射率其實是折射的結果，不是因，因果關係錯置，用結果解釋原因，也是常見的錯誤。

❖邏輯陷阱／三一律／二分法

（99 指考）圖為光電效應實驗裝置示意圖，……則下列推論哪些正確？

（A）帶負電的光電子經導線由鋅板移至驗電器的金屬箔片

（B）帶正電的光電子經導線由鋅板移至驗電器的金屬箔片

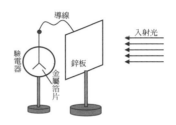

我常問：你覺得答案是 A 還是 B？同學常陷入二分法的陷阱，哲學上稱為非黑即白的謬誤。其實這題兩個選項都是錯，大考中心會出現這種誘答的陷阱。

那三一律呢？A 的溫度比 B 高，所以熱量是 A>B，A=B，A<B？答案是不一定。這也是三一律的陷阱。學物理也要注意這種邏輯上的陷阱。

❖思考推理／講話要有根據

學生另一個邏輯思考上的毛病就是，存在某一個先入為主的觀

念（來自經驗的亞里斯多德式直覺），然後問我，這樣想為什麼不對？好像老師不能證明你是錯的，等於你是對的。我們就會開啟一段白爛的對話：

學生說：這樣為什麼不對？為什麼不能這樣算？

老師說：為什麼要這樣算？

學生說：你先告訴我，為什麼不能這樣算？

老師說：不，你先告訴我，為什麼要這樣算？

就這樣，對話無止盡迴圈。

想學好物理，要先養成好習慣，你要說，根據白努利定律／根據牛頓第三運動定律／根據相對論，所以這樣算……。

學生常存在／問一些「似是而非」的觀念／問題，常常來自這個不好的習慣；像是兩個電阻串聯為什麼不能代 PV=nRT？這種類型的問題，看似有關聯，實則沒有關係。

❖考試又是另一門技術／技巧

愛因斯坦說：「每個人都是天才。但如果你用爬樹的能力評斷一條魚，牠將終其一生覺得自己是個笨蛋。」

可惜的是，臺灣的教育只看考試這一項能力。

論語第一句話是：「學而時習之」。老師教了，學生還要練習。學生／家長常見的問題是，老師講的都聽得懂，可是考試看到題目就不會做了。這個問題問了也是白問，你光看奧運選手打球，就學會打球了嗎？你就可以成為國手嗎？你聽得懂是老師教得好，不代表你真的會了（會延伸、會運用才是真的懂了）。

但是臺灣的高中考試，題目多，時間少，計算又複雜，題意又

不清，但是考物理跟學物理，是兩件事。考試要得高分，該背的定義、結果、公式都要背，不然考試寫起來速度太慢。華人第一位諾貝爾獎得主楊振寧說：「熟練是理解的基礎。」尤其是在注重考試的臺灣，一次段考通常要精熟 200 題，而且每次段考還會逐漸累積，整個高中物理約需要精熟 2000 題。

物理是累積性的學科，前後相關。前面學不好，後面開始就會聽不懂，無法更上一層樓。

愛因斯坦：如果 A 代表一個人的成功，那麼 A= x+ y+z。

勤奮工作是 x，y 是玩耍，而 z 是把嘴閉上。

我很喜歡的一句話：簡單的事重複做，你就是專家；重複的事，用心做你就是贏家。

❖ 讀書的態度與方法很重要， 要有感覺、想像力比知識更重要

正確的讀物理的方法，就是我上課常講的——抓重點，補細節。一般人是抓不到重點或是到處都是重點，然後沒注意細節。

例如：帶電質點在磁場中，必做等速率運動 vs 帶電質點在均勻磁場中，必做等速率運動。

差別在哪？哪一句話是對的？（高三下課程，其實這題也是邏輯上的陷阱，這兩句話都對，但大家都只選第二句。）

愛因斯坦說：「我只是跟問題相處比較久。」相處久了，比較容易出現頓悟（insight），也就是我常講的：你開始對物理有感覺了！物理不再是冷冰冰的公式，它是有血有肉的學問。讀書的態度與方法比背公式背題型更重要。

愛因斯坦說：「如果你不能簡單說清楚，就是你沒完全明白。」何謂懂？就是能用自己的話，清楚的解釋給別人聽。記憶的關鍵是語言，所以你不記得一、兩歲發生的事，因為你還不太會講話。任何一個有智力的笨蛋都可以把事情搞得更大，更複雜，也更激烈。往相反的方向前進，則需要天份，以及很大的勇氣。

把複雜的事情變簡單＝抓重點，利用這些重點，推演出各種細節。這就是讀書與學習的方法。

❖考試趨勢改變

背題型、背公式、背速解法比較像是舊時代的學習方法，很多補習班老師、學校老師還是這樣教。小範圍考試有用，但是現在的大考題目很靈活，素養導向的口號，搞得各科的題目都像國文的閱讀測驗，所以不能再用舊時代的學習方法了！

不要贏了每場戰役（小考），卻輸了整場戰爭（大考）。你要當小考型的選手，還是大考型的選手？考 10 個單字的讀書方法，跟考 1 萬個單字的讀書方法是不一樣的。君子務本，現在的考試更講求基本觀念的融會貫通與好的讀書方法。練題目貴精，不貴多，不要迷失在題海電話簿中。

❖選擇好的物理老師很重要／師徒制

認知心理學中的後設認知（metacognition），你不知道，但你不知道自己不知道，老師才知道你不知道的點在哪。

專家與生手（from beginner to expert）如同老師與學生，有專家

指導，學習的效果與速度一定是大不相同。老師教你的，除了外顯的知識（explicit knowledge）——課本有寫的以外，更有所謂的內隱知識（Implicit knowledge）——課本上沒寫的、read between lines、你的頓悟，類似祕技、口訣、心法。

補習／教育是節省時間，400 年物理史，兩年教完。自己摸索確實效果好，但是很浪費時間，而且想錯了，沒人指點你，一失足千古恨。補習像是師徒制，手把手學習，老師會指正你，所以選擇老師很重要。等到錯誤的習慣養成，要改真的不容易。最嚴重的狀況，就是老師無形中灌輸了一些錯誤的方法與知識！高中老師會教錯的點，其實還滿多的，沒教跳過的點更多。

❖ 自然而然習慣專有名詞的英文與英文解釋

畢竟，物理是外來文化，中文常常無法精準地傳達物理想要表達的觀念，學生還會誤解，例如：都卜勒效應的靠近／遠離。

高中物理開始習慣英文的專有名詞與解釋，對將來讀原文書有很大的幫助。我也希望大家學電腦程式語言，善用現代科技，對於學習與未來的發展會有很大的幫助。最後用一句話鼓勵大家：你的態度決定了自己將來的高度。

> 上課時好好專注的學習，多去思考，並記熟並予以理解科學的定義，
> 再經由定義的背誦以及反覆練習，解題時就能達到熟能生巧。

　　常聽許多人說「化學」是一門半背的科學。對有些學生而言，化學是門學理複雜而不易學習的學科，常被搞得暈頭轉向，抓不到學習的要訣。然而化學對於二、三類組學生而言，相當重要，尤其是有志於材料、化工、醫學、藥學類的學生，化學更是基礎學科。

　　許多學生會到補習班補習，雖然對某些較被動的孩子是很有效，但補習絕對不是學好化學的必要條件。重複性且繁雜的練習，有時反而會扼殺了學生學習化學的樂趣。

　　當學生問我，如何能把化學學好？

　　我的回答是：上課時好好專注的學習，多去思考，要有正確的學習觀念及學習方法。

❖學習化學
　務必重視專有名詞的「定義」

　　老師教授專有名詞時，名詞及定義常需要背誦，但許多學生很排斥這樣的方式，認為又不是文科為何需要背誦？若能先記熟並予以理解科學的定義，以後只要看到專有名詞，心中能馬上浮現出「定義」內容，對於相關延伸的學習，相信會有很大的幫助。當然理解

是非常重要的一環，有些學生並不清楚是不是真的「瞭解定義」，但是經由定義的背誦，反覆練習達到熟能生巧。

例 1 - 國中化學：

國二課程內容中提到何謂「原子量」，定義是每一莫耳物質的質量。學生看到理化課本中提到碳原子量為 12，必須馬上想到定義：「每一莫耳碳原子總重是 12 公克」。倘若能有這樣的理解與體會，當題目提問：60 克的碳原子有多少莫耳？學生只要利用定義，便可以馬上回答是 5 莫耳，而不需要使用公式求解。

例 2 - 高中化學：

高一熱化學中提到「莫耳生成熱」，定義是「在 250℃、1 大氣壓下，1 莫耳化合物由其成分元素化合生成時，所吸收或放出的熱量」。

我常常叫高一學生複誦定義內容好幾次，看大家對定義有何體會，但就算是高一資優班的學生也常無法體會定義內容。此時，我便會提出若甲烷的「莫耳生成熱」為放熱 75kJ，請學生上台，在黑板寫出熱化學方程式，但仍然很少學生能利用定義寫得出來：

$$C\,(s) + 2H_2\,(g) \rightarrow CH_4\,(g) + 75kJ$$
元素　　元素　　　　化合物

學生一開始無法體會定義，但是經由反覆背誦及練習，便能慢慢改善。

> 多閱讀科普文章，留意化學相關時事新聞，
> 重視化學實驗的基本操作及數據處理。
> 即使考題創新，內容仍不會超過課綱範圍。

　　面對 108 課綱的新型化學考題挑戰，如何學好高中化學，在大學入學考試中脫穎而出，以下針對考試的新趨勢，提供同學們一些參考方向，祈望對莘莘學子有所助益。

　　1. 基本題型：測驗化學基本知識與概念，複習各章節的內容要清楚，各種定律、原理和相關名詞要理解。元素週期表、化學式、重要反應式更要熟記，透過適當的練習題，加強化學計算能力，此類考題相近各校段考試題題型，基本功紮實的考生，相信便能回答的得心應手。

　　2. 素養題型：新課綱考題的亮點，是將生活情境與學科應用融入考題，包含閱讀理解、邏輯推論、分析圖表資訊及證據應用的能力。建議平時多閱讀科普文章，留意化學相關時事新聞，重視化學實驗的基本操作及數據處理。

　　考題雖然創新，內容仍不會超過課綱範圍，近年的大考試題與研究用卷都有不錯的類似題可供練習，同學們不用過於擔心。

　　3. 綜合題：自然科學探究與實作考題強調「發現問題」、「規劃與研究」、「論證與建模」及「表達與分享的能力」。同學可以

透過分組討論、實驗報告、小論文整理及科展參與，培養跨科整合及實作技能。

在 111 學測考題中有選擇、選填及非選題的混合題型，而答題卷使用卷卡合一的新式答題卷，因此自然科必修內容要能夠融會貫通，養成以觀念解題，把選擇題當成非選題討論，訓練自己獨立思考、設計規劃及解決問題。這類考題也將是決定學測成績的關鍵。

4. 學測準備：以必修化學課程內容為主，要特別注意和選修化學內容相關的章節。例如，化學反應與能量、原子構造和化學鍵、水溶液中的反應等，可能會出現加深加廣的考題。

科學素養強調理論是解決問題的工具，要能與生活實例結合，比起計算，應用更為重要。

此外，圖表的判讀與分析也是重點，遭遇不同情境的問題，能跨領域創意思考，並有媒合各科別所習得理論基礎的能力，尋得解決問題的方法與評論。

5. 分科測驗準備：範圍涵蓋「物質組成與特性」、「能量的形式、轉換與流動」、「物質的構造與功能」、「物質系統」、「物質的反應、平衡及製造」、「科學、科技、社會及人文」以及「資源與永續發展」七大主題及實驗。

考題有選擇與混合兩類題型，準備上強調要有整體清楚的化學架構，理解熟練基本計量題型，記憶性內容要依據相關化學觀念活用，重視課內所有實驗教材。

我建議同學把握操作實驗的機會，並試著討論實驗數據，未來面對混合題時能更得心應手。

化學是研究物質狀態、組成、結構、反應的科學，除了與日常生活息息相關，更是學好醫學、藥學、物理、生物、材料、化工、環境等學科的基礎。

　　不論課綱如何更迭，具備足夠的化學知識與素養，一定能使人生更加精彩豐富，祝福大家都能成為化學高手！

> 完整的概念學習與串聯非常重要。
> 有了完整的學科概念，可以輕鬆省去拼湊考題概念時，
> 解題過程帶來額外的時間浪費。

108 綱教材大改版與考試題型方向驟變，相信不管是考生還是家長，都非常焦慮與緊張，尤其是 108 綱實施後，第一屆考生即將面對所謂的素養導向題型入考，內心的煎熬與不安更非筆墨難以形容。身為一個教學生涯已超過二十年的生物老師，以下幾點建議希望可讓未來要赴考的學生們，能有具體的聚焦方向。

就我而言，生物科的學習，從我的高中直到大學時代，完整的概念學習與串聯非常重要。而 108 綱的生物（全）這一冊三章之中，只保留了細胞、遺傳、演化，相較於 99 課綱，少了動物、植物與生態系的內容後，單薄許多，學科概念的串聯上相對地呈現破碎化，導致不易連貫學習。

因此，**第一個建議就是**：透過自己的哥哥、姊姊或學長姐們，取得舊版基礎生物（上）與（下）的課本，利用課餘或者自主學習的時間，自學或與校內老師請教，完備自己的學科概念。

參照近兩年內的學測自然科生物考題比重，動物的構造與功能這六節一定要細細讀過，有了完整的學科概念，當新制考題偏難時，可以輕鬆省去拼湊考題概念時，解題過程帶來額外的時間浪費。

第二個建議是：以近五年內的舊課綱學測、北模、全國模的考題為素材，尋找素養題型練手。

　　素養題型其實並不是新題型，攤開這幾年的學測考題，常見的題型有圖照判斷、閱讀解析、生活時事、圖表數據判讀與基礎生物實驗內容的素養題型，選取與生物（全）這三章相對應的內容練手，我相信考生一定會安心踏實許多。

　　針對 108 課綱中，讓許多考生家長，甚至是高中老師都很頭大的「探究與實作測驗」，我建議把「探究」與「實作」拆開來看：

　　在「實作」部分，生物學科課堂中最常接觸的實驗操作，包含複式顯微鏡的結構、功用與操作技巧，如中倍物鏡切換至高倍物鏡時，視野中的光線變化、觀察物的狀態變化、如何對焦等；進行滲透實驗時，5M、1M 的蔗糖液如何配置？新鮮細胞在不同濃度的溶液條件下，細胞會有何變化？新鮮的水埋玻片或染色玻片如何製作？如使用碘液或亞甲藍液對觀察物進行染色時，應如何操作、細胞在染色後與染色前有哪些不同或變化等，都是考生們不分學群，需精熟實驗內容與瞭解相關的實驗步驟意義。

　　在「探究」的區塊，則是不管進行何種實驗，結束後，必須將所得的大量數據以表格、柱狀圖、曲線圖或圓餅圖呈現，並探討、分析、解釋。

　　然而，對於在高中有限的課堂時數裡，或久久一次才進實驗室做實驗的多數學生們，探究能力非常薄弱。因此我認為，「探究與實作」最有可能的考法，就是以情境模擬的方式，陳述某種實驗的操作過程，並檢附大量的表格、圖型，讓考生在閱讀完題幹內容之後，發展相關題組設計，或者反向的提供原始的實驗數據，要求考

生繪製圖表，並在圖表繪製完成後，要求考生解釋從自己繪製的圖表中所看的現象。

　　最後，新聞時事的脈動與重要的生物醫學研究發表，一定不能置身事外。例如：近二年多來的新冠病毒、漢他病毒、禽流感、登革熱、鼠疫等重大公共衛生議題，與每年的諾貝爾醫學獎得獎內容，考生都需要充分瞭解。除了在面對考試更安心之外，長點知識何樂而不為呢！

> 對於某些段落，或是知識節點不太清楚的地方，
> 務必要趁高一剛接觸的時候，
> 把這些問題的癥結找出來，並且解決。

在 108 課綱內的地球科學，把國中到高中重複講述的地方，不論是跨科目，或是跨年級，都做了適當的刪減：例如，岩石的分類原本在高一的課程，現在大幅度移動到國中；地層歷史因橫跨較多科目，像生物、地理、物理之類，在課本內就比較少提，但這些內容都是在學習地球科學的過程中，很重要的階段。因此，如果只從課本課內著手，只要在過去的學習，或是旁及其他科的學習上出了點疏漏，就會有很大的落差。

根據這個特色，我建議利用 108 課綱自主學習的特色去強化，同學在自然科在學習過程中，可能會發覺自己過往對於某些段落，或是知識節點不太清楚的地方，務必要趁高一剛接觸的時候，把這些問題的癥結找出來，並且解決。

這樣才能觸及課綱的核心精神，也就是探究自學，細分來說有好奇、閱讀、理解、分析幾個大項。

在自然科的領域中，地球科學因為跨越天文、地質、海洋、大氣和環境變遷等，這些項目的特徵就是：明確存在，但以人類的尺度來說，又難以一目瞭然，或是難以企及，因此同學務必要養成讀圖、讀表的能力。

以大氣來說，同學歷來比較困擾的就是鋒面、氣旋、風向判讀，

這幾項在課文跟題目的表現上，多半以數據（像雨量、氣壓），或是等壓線圖去表示，所以當同學看到這些內容，腦中很容易搞成一團糨糊。

破解的要訣就是，如同國中在學習等高線圖一樣，將之立體化，並善用智慧型裝置，將等壓線理解為三維空間中的立體分布，讓各種氣團的互動，躍然於腦中。

海洋是另一個令同學們較困擾的問題，常發問的段落包含：洋流、聖嬰現象（也就是海氣交互作用）。這個段落除了加強上面提到的將圖表立體化的能力之外，還要針對不同圖形的座標、曲線所表示的意義去加強。這個段落的圖表跟國中所接觸的二維座標最大的差異，在於往往會加入第三維的資料。

例如，在溫鹽圖中，除了溫度跟鹽度兩個座標之外，還會加上密度的曲線。然而就是因為密度的資料，讓同學在理解時往往出現障礙。

在高中學習的過程中，評量和應試必須採取跟國中不一樣的策略，國中階段，大多數同學都是以大量練習建立手感跟題感，甚至是反射式的作答。這個在高中階段，尤其是地科領域是大忌，因為只要稍微變動一兩個字，或是座標稍有改變，相似的題幹跟圖表可能完全表達不同的意義。

有鑑於此，同學在應試上，要慢慢強化自己的閱讀文字的能力以及耐心。特別是專有名詞的描述，還有附加的表示形容方式，非常忌諱用望文生義的方式去自己強加理解。

地球宛如一個知識的寶庫，
只有在你不斷地鑽探、考察，才能獲得更多。
但是你需要用對方法！

　　「媽媽，為什麼天空會是藍色的？」、「為什麼會有彩虹？」每個人小時候總是對未知感到好奇，幼時的我們勇於發問，不知從何時開始我們將心封閉，開始害怕面對未知，是不斷考試的挫敗感，還是不容許自己犯錯的完美主義，不管是哪個，都將成為我們探究地球科學的絆腳石！

　　臺灣的教育對於地球科學的學習不夠重視，學生從國三的課程才開始接觸，而高中因為 108 課綱又將高二課程內容的刪減，只保留高一的基礎課程，導致學生在求學期間的比重失衡，造成對地球科學一直有極大的恐懼，甚至常常聽到重考的學生為了避免學測的地球科學便直接準備指考，似乎忘了小時候獲得知識的快樂，忘記地球科學的學習方法。

❖解釋現象

　　從小的自然科學課程都會教導科學精神，期望學生試著以好奇激發學習動力，但更多學生對於許多自然現象早已麻木不仁，而地球科學裡諸多發生在你我周遭環境的現象，更讓大家無感許久，例如：為什麼會下雨？多數人只會覺得：「喔，下雨了，沒有帶傘！」

當然，並非每個學生都想當科學家，所以退而求其次，只需要理解現象，但每個老師都說理科要先理解再去記憶，卻對是否真的理解完全沒有一個依準。

　　因此我建議，從解釋現象開始練習，再將之間每個細節回溯逆推，最終便能統整成一套脈絡。

　　例如：為什麼會下雨→因為空氣達到飽和→因為空氣抬升，氣壓減弱，而膨脹降溫→因為空氣受熱而密度變小（假設是午後雷陣雨）→因為地表吸熱而釋放紅外線。

　　而這正是 108 課綱中所要求的 A 自主行動中的 A2 系統思考與解決問題。

❖精熟努力，保持熱忱

　　有了學習方法後，就是好的開始，然而如何在現有體制中獲得成就，下一步就是保持熱忱。任何事情「會了」與「會用了」是兩回事，必須透過適當的努力、經驗累積，才能納為己用，進而在考試、專題報告表達出來。

　　現行的學測考試不再只是單純的選擇題，採用卷卡合一的測驗形式，所以如何將所學表達出來，便是一大課題。而這也是 108 課綱中所要求的 B 溝通互動中的 B1 符號運用與溝通表達。

❖科普應用

　　以基礎原理與日常現象已可解決大多問題，但身處於一個巨變的時代，如何用現有知識去剖析即刻的情況，訓練出批判性的思考恰巧

是 108 課綱的精神。平時的網路上的科普新知、相關性社團、營隊等，也都是可以獲得到足夠的資源與啟發，確實執 C 的社會參與。

　　其實，108 課綱新制上路，固然有其許多變動及不適應，但對於學習本身，只是更加的回歸本質，不再去強調解題技巧、獨門招式等。雖然沒有人喜歡考試，但重新愛上探索科學，我相信並非難事，畢竟找回初衷而已。

必須徹底改變地理是背科的觀念，並和其他科目融會貫通，
才能應付和歷史、公民、地科、國文、生物等科目的整合題目。

　　地理是一門理解和記憶兼具的科目，近年來地理科在理解和技術部分的命題有大幅度增加的趨勢。對於一直以來都是使用記憶來處理這個科目的同學而言，國中階段沒有什麼大問題，甚至會覺得地理就是背科，但到了高一的第一次段考，面對地圖、時區換算、投影法、GIS 等技術的單元，就會受到重重的打擊，也才會開始意識到其實地理某些程度是理科，而且，讀書方法必須徹底改變。

　　學習地理科，所有的觀念、概念、理論、模式都在高一範圍，因此若要在大考中獲得不錯的成績，最重要的事情就是把高一的內容讀熟，並且跨冊、跨章節融會貫通。

　　因為現在大考出題主要以題組題為主，有可能一個題目的四個選項，分別位於不同冊或者不同課，所以面對大考的準備方法不能和面對段考一樣。

　　讀完高一的技術、自然、人文等主要內容之後，接著高二會出現的是區域地理，這部分主要是高一內容的實際例子。

　　在讀高二內容時，千萬記得，段考要讀細一點，因為照版本；學測不要讀太細，因為跨版本。

　　在區域的部分，還需要注意國際局勢的變化，也要隨時注意地理相關的時事新聞，雖然不會直接考新聞內容，但是常會變成命題

的出處參考。透過多瞭解目前國內外哪些地區正在發生的大事，可以更理解學習地理科的終極目標。

　　新課綱之後，最大的改變是，學測即將會出現非選擇題，多年不見的多重選擇題也將要重出江湖。未來的出題形式，都是以題組題為主，只是題組題和以往不同的是：小題數會變多。

　　未來的題組題有可能一大題就會出到 5-9 題，內容會有單選題、多重選擇題、非選擇題交錯出現。對同學而言，無疑是一大挑戰。以前，只要把各個單元、名詞讀熟，有印象即可，因為全部都是選擇題，不需要太清楚觀念就可輕鬆作答。

　　但是，面對未來的新型態考題，不只要讀熟，更要讀懂。地理科會蛻變成一門更加困難的科目，不只像以前一樣加廣，未來還要加深，和其他科目的連動關係也會更加明顯。

　　大考中心已經明確預告地理科除了和歷史、公民跨科命題之外，有可能會和地球科學、國文、生物等科目有整合題目出現，所以在未來的考試當中，每一科都將不能偏廢，因為牽一髮就一定會動全身。

> 要擺脫歷史是文科，死記即會得分的既定印象，
> 必須調整步調，有效率地學習歷史，
> 不要再計較片面性、記憶性的知識，要能通盤的來認知歷史。

　　因應 108 課綱，高中歷史的教科書內容有了大幅更動，再加上素養導向趨勢，高中歷史科在面對學測與指考時，也會出現更多跨學科領域的主題式題目。對即將面對大考的學生而言，身為新課綱的先驅者，確實會有不知從何著手準備的壓力。

　　以 109 試辦考試的題目內容來看，雖然合乎近三年的學測社會科命題主軸，但跨科整合的趨勢非常明顯，社會科學測考題不但加長了試題的敘述，也出現更多樣的情境類型題目及圖表，讓考生從中判斷年代以及歷史事件，並且在同一題的題組當中，從歷史、地理、公民的角度進行解答，因此在準備考試的過程上，歷史勢必要擺脫文科死記即會得分的既定印象。

　　就歷史教科書內容來看，此次課綱的調整，臺灣史與過往相比，史前文化增加了原住民內容的比重，尤其像是原住民的文化、信仰、當代處境與權利，都是過往較沒有特別提及的。但整體上，臺灣史可以說是變動最小的。

　　中國史的變動最大，強調從東亞視角觀察其歷史變遷，範疇涵蓋了朝鮮、日本以及越南等東亞國家，甚至於北亞游牧民族。也可以說是考量古代東亞世界整體的發展與互動，從而觀察中國歷史與周邊國家的連動性，在東亞的脈絡中理解錯綜複雜的歷史變遷。與

過往課綱相比，過去以朝代順序發展，或以中國為核心主題的時序論述，其精神與內容跟過往認知的中國史明顯不同。

世界史還是以歐洲文明發展為主線，伊斯蘭世界的主題穿插其中，大幅降低埃及、印度、兩河流域、美洲古文明的比重。兩次世界大戰等過往教學重視的議題，現在則將重點改放在現代西方世界的形成、多元世界的交流與碰撞等內容與省思。

就歷史科試題趨勢而言，整合知識能力與情境化應是新課綱命題的指導方針。社會科的閱讀理解題型，常融入生活情境，結合時事出題，讓歷史、地理、公民的課程界線更模糊。參考試題中，以歷史主軸的試題而言，不少條目是把歷年考題用不同問法重新呈現。課綱的轉變與考試型態的調整，在學測歷史試題而言，要有一套新的對應之道。至於學生相對陌生跟害怕的非選擇題部分，考試強調的是點出關鍵的知識點，切勿將它擴大成申論題。

總之，根據歷屆學測歷史科命題之方向，不外乎三大主軸：史料研讀、情境分析、立場判斷。

面對種種的變動跟調整，建議接下來面對新課綱學測考試的學生，真的需要調整步調，有效率地學習歷史，不要再計較片面性、記憶性的知識，要能通盤的來認知歷史。

教材的掌握不強調記住所有的知識，但要能建構出一個通盤，且可進行比對的史觀，進一步把具備的歷史知識與其他學科串聯、組合，讀書方法不適合再以時間線條式的單一思維死記硬背，必須釐清歷史事件發生的始末，以自己可以接受的語言文字，儘量言簡意賅建立脈絡，並透過合理推演方式來貫穿每一個主題，以自己建立的架構進行演練，然後再進一步的比較、思索。這樣就能夠找到考試的核心、重點，即所謂之事半功倍。

提高自己閱讀的耐性，擷取重點，細心作答，
盡可能回歸到學過的基本概念做連結，
問題便容易迎刃而解。

108 課綱相較 99 課綱的重大變革，除了必修由 8 學分減至 6 學分、課本由四冊改為三冊以外，課綱以「問句式」的方式擬定；以「刑法中的無罪推定原則」為例，新課綱用「為什麼被告未經審判確定有罪前，應推定其為無罪？」為主軸帶入。

新課綱的特色，有以下幾點：

1. 減少瑣碎知識，不斷瞭解為什麼。
2. 版本百家爭鳴，多元且豐富，但編排邏輯迥異。
3. 素養化的課本，跨領域的思維，斷裂的學習脈絡。

新課綱的特色是與生活貼近的課本，刪減以往艱澀的知識，但版本差異大，該不該看其他版本、考試如何準備等問題，都成了學生的挑戰。

❖ 112 年學測的未來趨勢

現以 111 學測題目為基礎，做為 112 學測分析與準備上的建議：

一、題型差異

舊型學測與新型學測的社會科考試時間皆為 110 分鐘，總分一

樣為 144 分，歷史、地理、公民，題目各佔約 1/3。不同之處在於舊型學測皆為選擇題共 72 題，新型學測則分為兩部分：1. 選擇題、2. 混合題。

　　混合題包含了選擇題與非選擇題，整份考卷採卷卡合一的方式，題數也略微減少，約 65 題左右（2022 年 67 題）。不管是在題型，或是作答的考卷形式皆與舊制有不小的差異。

　　這兩年題組題：非常重視三科整合，命題方式越來越傾向三科一體的命題法，例如：107 年有 21 題，108 年高達 31 題，109 年也有 30 題，110 年有 29 題，111 年學測有 18 題。112 年學測應該也會沿襲此特色。

二、更素養的題目

　　近年素養題為近年學測的趨勢，其特點為看起來像閱讀測驗，題目與課程中學的知識點不見得有關聯，考生作答困難往往都是因為「看不懂」而非「不瞭解」，甚至有些題目不需要課程所學的知識，也可以作答；此類的題目以長篇閱讀、圖表作答居多。考生遇到此類型的題目務必提高自己閱讀的耐性，或是先跳過。這類的題目多半是看起來很難，但只要冷靜、擷取重點，細心作答，盡可能回歸到學過的基本概念做連結，便容易迎刃而解。

　　素養題為趨勢，但不會是考題的全部，一份題目裡面仍有與課本基礎概念連結的題型，生活情境包裝考題一直都是社會科命題的模式，尤其是公民科。無論是題型或是選項篇幅都不會太短，一樣需有耐心作答，然後連結學過的概念，遇到任何題目即便是新的出題方式，都不需要太慌張。

三、非選擇題的挑戰

雖然過去學測並未考非選擇題，但歷史、地理兩科在指定科目考試中已行之有年，公民科則沒有。因此這對公民科無論是命題或是應試上，都是全新的模式，最大的挑戰在於大考中心題庫建立尚未完整，無歷屆試題可供參考，但最近坊間各種非選題目陸續出現，對考生而言亦為一種練習方式。

非選題全部 10 題，今年公民科的非選題便有 4 題，歷史 4 題，地理 2 題。參考試卷中的非選題考題常以「從題目中找資訊論證」方式命題，或是以課本學過的基本出概念題，作答時能否正確擷取到題目給的資訊來論證，是社會科非選擇題的趨勢，觀察分科測驗的參考試卷亦是如此。因此基本概念是否夠熟、定義與原則是否熟悉，也是非選擇題能否作答的關鍵。

❖準備方式

1. 三大要訣：知識性，閱讀性，判斷性。

知識性：公民與其他科最大不同是，先要理解其定義，產生背景及個中含意；定義懂，對號入座。

閱讀性：必須先理解題幹的重點所在，方能對答出要的答案，否則張冠李戴，答非所問。尤其新課綱強調素養及生活化應用之重要，加強閱讀及判讀能力更是重要。

判斷性：有時題目會綜合各種性質內容，例如：可能融合政治、社會、法律、經濟，已非單一重點之命題法。此時就須從題目及答案中分析，前後對照，必可選出較佳的答案。

2. 善用課本以外的配套：課本被刪掉的篇章或是一些補充資料以及其他版本有提到的內容，許多出版社會寫在學習手冊裡，先將自己手上的工具用盡。

3. 多寫歷屆試題與參考試卷：新課綱仍有許多知識與舊課綱重疊，重疊部分的題目仍很有參考價值，只須分辨哪些內容已經刪除，不要糾結那些不會再考的題目。新課程的內容則須看參考試卷，分科測驗的參考試卷也有必修的範圍，一樣值得參考。

4. 基本定義與基礎知識：熟悉基本概念便能以一套概念應付千變萬化的題目。

5. 區分教材：第一冊為社會與政治生活；第二冊是法律生活；第三冊是經濟生活。

6. 作答技巧：其實常可從答案中輕易刪除 2 個選項，要如從另外 2 個選項找出正確答案呢，可將題目再看過一遍，抓住要點，即可選出最適者。「讀對了，答案就對了」，聰明作答很重要。

❖111 年學測題目分析

公民	1、2、3、4、23、24、25、47、48（問）、49、50（問）、51、52（問）、53、54（問）	多以題組方式出現15 題
歷史	5 ～ 17（計 13 題）、26、27、55、56（問）	17 題
地理	18 ～ 22（計 5 題）、28 ～ 37（計 10 題）、57、58（問）、	17 題
公民＋歷史	38、39（歷史），40、41（公民）、61（歷）、62（公）、63（歷史問答）、64（歷史問答）	公民：3 題 歷史：5 題
公民＋地理	42（公）、43（地）、59（公）、60（地理問答）	公民：2 題 地理：2 題
歷史＋地理		
三科混合題	44（歷）、45（公）、46（地）、65（公）、66（地）、67（歷問答）	公：2 題； 歷：2 題 地：2 題

公民科：22 題（非選 4 題）
歷史科：24 題（非選 4 題）
地理科：21 題（非選 2 題）

公民科題目分析：
①公民這幾年來皆是這三科中較難者（中間偏難），因為主觀敘述，加諸非常注重素養，因此閱讀很強調閱讀判斷能力。
②社會文化：5 題。
③政治：8 題，歷年來考最多的一次。
④法律：4 題，歷年來考最少的一次。
⑤經濟：5 題。
⑥少了以往非常重視的人權，但是有增加新單元「社會安全」的題目。
⑦諸多題目皆與當前時事有關，題目亦較生活化。
⑧有人認為第 52 題很難，其實將題目再注意一些，便可選出、寫出正確答案。

大學教授這樣挑學生

政大創新國際學院 —— 副院長連賢明
—— 社會系教授關秉寅
—— 經濟系副教授李浩仲

　　政大創新國際學院集結了來自財政系、社會系、經濟系、政治系與中央研究院等跨領域學者開班授課,目標培育出可以面對未來全球化底下各類挑戰的人才。即使出身花東偏鄉、學測成績不是特別亮眼,只要懂得善用自身優勢,呈現與眾不同且具體的經驗,政大創新國際學院教授們認為,比起來自都會區明星高中或富裕家庭背景的孩子,這類的學生反而更能引發他們的興趣。

　　「你覺得政大會缺彈鋼琴的學生嗎?」政大創新國際學院副院長連賢明直言,政大每年至少收了 100 多名北一女學生,幾乎個個都說自己會彈鋼琴。當面試時問學生為何對於財經有興趣,十之八九得到的答案,不外乎是家裡有訂閱《天下雜誌》與《商業周刊》。他認為,假如學生平常看的都是大家在看的、講的都是大家在講的,自然而然在大學教授的眼中,這些內容就不足以為奇了。

　　連賢明表示,對於大學端而言,希望收進來的學生可以創造多樣性。因此他坦承,有時過於漂亮的海外志工經驗,反而會在教授挑選其餘條件相近的學生時扣分,「畢竟這反映出學生的家庭背景好。」

　　實務上,大學端在選才時,多半會希望能夠根據學生的家庭背景去作調整,才能落實多元入學的精神。他進一步解釋,假如今天

有位學生從馬祖來，或是來自過去可能從未出現過政大生的鄉村，大學若是收了這位學生，將很有可能真正翻轉他的一生。

無奈的是，這種非齊頭式平等的多元入學的精神，常常被外界認為不公平，家長不信任老師會公平打分數、教授會客觀選才。

連賢明表示，108課綱要成功落實，就是希望可以不要再透過單一標準來選學生，社會應該要給教授們多一點空間去判斷。比起那些其實對特定科系沒有太大興趣，只想先進名校再來選系的學生，連賢明認為，大學端應該要把學生的差異性拉大，關注學生的背景與申請動機。

課外活動，不一窩蜂趕流行

連賢明表示，為了累積豐富的書面審查資料，許多學生覺得要參加很多營隊很重要。對此他認為，參加營隊不是不可以，但如果想透過參加營隊來強化申請動機、凸顯個人特色，那就不要一窩蜂跑去和大家參加一樣的營隊。「畢竟大學教授在審查時看的文件很多，假設每一份交上來的資料經驗都很像，反而容易覺得沒什麼。」

連賢明舉例，去年不知為何，忽然有一堆學生跑去馬來西亞當志工，結果海外志工經驗反而就不稀奇了。他認為，大學教授看的是學生有無特殊性，關鍵不在於有沒有海外志工經驗。就像是服裝打扮，不一定要全身名牌、也不一定要奇裝異服，而是能夠穿出個人風格，讓人留下深刻印象。

針對許多來自非都會區學生擔心沒有太多課外經驗，連賢明則指出，課外活動絕不只有局限在參加營隊或當志工，以及許多必須是出身富裕家庭孩子才有機會報名的活動。他建議，假如你是一名喜歡大自然的學生，利用課餘時間爬樹、觀察生態，把這些經驗搬

到面試現場。在他眼裡，收了這樣的學生，未來說不定透過他還可以安排到鄉間導覽、讓學習現場不是只有在教室裡。

申請動機，要能打動人心

「即使跟人家撞衫，你也要能說出為什麼想買這件衣服。」政大社會系教授關秉寅則以「撞衫」比喻許多高中生為了在申請階段討大學教授歡心，一蜂窩跑去擔任海外志工，或是參加大學生舉辦的營隊。他認為，一味追求同類型的熱門活動沒有絕對不好，關鍵在於學生能否說出自己動機。

過去臺大森林系曾有一名 48 級分考生錄取，引發外界討論。關秉寅以此為例，說明即使這名學生出身東部鄉村，但他對於山林的瞭解不是來自於課本，而是身體力行。當他的申請動機是希望畢業後能夠返鄉育林，和都會區學生相比，這名學生即使分數不高，卻有著與眾不同且具體的經驗，自然容易博取面試官青睞。

書面資料，可能比你想像還重要

對於熱門校系，有時一次來了一、兩百名學生，成績可能彼此差距不大。這時關秉寅指出，書面資料便會在第一關扮演重要角色。然而，在備審資料準備上，關秉寅認為，如果學生只是給一堆資料，但卻看不出特色，結果也是枉然。

關秉寅直言，有時光從寫作上，大學教授便能看出學生夠不夠瞭解自己、思維清不清楚，如果能夠達成以上基本條件，再加上與眾不同經驗，絕對比參考前人版本，先從家中有幾位成員開始談，來得出色許多。

無奈的是，如今教育現場高中端與大學端沒有連結、缺乏對話，

以至於負責輔導高中生升學的高中老師，經常拿過去學長姊的「成功」範本給學弟妹參考，久而久之，造成高中生繳上來的書面資料大同小異。

連賢明也指出，學生在書面資上準備上經常犯的錯誤便是，只要身邊知道有誰申請上了，就會去借對方的內容來抄。殊不知在實際上，教授看的指標是學生有沒有多元的興趣與能力，而非特定內容就比較容易被錄取。

社會系選才：
社交技能不可少，理想讓世界更好

擁有多年面試高中生經驗的關秉寅表示，社會科學研究經常涉及深度訪談、田野調查等必須要與人互動的研究方法。因此，系上在挑選學生時，自然會期待學生本身具有基本的「Social Skill（社交技能）」，且抱持著能夠「For the Better World（讓世界更好）」的理想。而新上路的 108 課綱強調自主學習、互動共好，正符合社會系長期以來的招生方向。

在挑選學生上，關秉寅表示，如果學生可以從高中階段就能展現出自發自主學習的動機與能力，甚至已經擁有相關經驗，無論是透過學習歷程檔案呈現，或是在面試階段能侃侃而談，都會是很關鍵的加分項。

而另一方面，即使有學生很會唸書、成績優異，但比較缺乏人際互動能力，關秉寅坦承，過去社會系也曾拒絕過明明分數不錯，但個性比較「宅」的學生。

對於想要申請人文社會科學類型的校系，關秉寅建議，高中生可以多參加一些相關的社團或是課外經驗。但對於大學教授而言，

重點不單只在於學生有這些課外活動經驗，而是過程中得到哪些收穫？印象最深刻的體驗是什麼？尤其當越來越多的學校或是坊間補習班都會刻意幫學生製造一些課外經驗，關秉寅提醒，動機有表面與深入之分，光憑一些簡單的 follow-up questions，大學教授很輕易就能夠分辨申請人是否真的有興趣。

經濟系選才：
看重「做事情的態度」

相對於社會系注重學生的社交能力，政大經濟系副教授李浩仲則表示，經濟系所學包山包海，老師背景也是跨及各個不同領域，因此，系上對於不同人格特質學生接受度很高，「我可以接受理工宅，也可以接受 talktive（健談）的學生」。

比起學生性格，李浩仲認為，他在挑選學生時，會特別看到學生「做事情的態度」。他進一步解釋，做事情的態度不見得只有做特定的事情，有些學生表列出許多項目，即使教授們也相信這些事情學生都有能力勝任，但除了會做以外，教授們更關心背後的動機與態度。「與其羅列一大堆，不如找到一個亮點」。

李浩仲舉例，當學生宣稱自己會彈鋼琴，教授關注的不是你會不會彈，而是你會彈到什麼樣的程度？學生說自己參加很多社團，教授則想問一個禮拜花多少時間？在過程中學到了什麼？這些都是能夠反映出學生平常的學習態度，能不能持之以恆把一件事情專注地做好，而非東參加一點、西參加一點，但最後只有學到皮毛。

另一方面，從他的研究中發現，許多繁星學生表現相對其餘管道招收入學的學生好，也是因為這類型的學生，做事情的態度與多數人不太一樣。畢竟想要透過繁星入學的學生，必須從高一就開始

養成唸書的好習慣。

除此之外，李浩仲也會透過詢問學生還選了哪些科系，透過學生做選擇的過程中，進一步理解學生思考判斷能力與申請動機。他舉例，假如學生申請了六個校系，但卻有三個以上的方向，在他看來就是比較分散，並沒有真正瞭解自己想要念什麼。

把握面試黃金時間
展現表達能力

相較於臺灣，連賢明表示，國外大學通常都會有專門的招生單位，或是請校友來擔任面試官。以哈佛大學為例，平均一名學生面試時間為 40 分鐘。但臺灣教授本身就已經很忙，假如一年要收 50 個學生，面試 3-5 倍申請者，一個學生往往最後只能分到 10 分鐘。這時如果學生給的答案又很表面，就不容易拿到好成績。他舉例，很多學生愛講自己平常喜歡看財經雜誌，一旦被問題有無特別喜歡的主題，卻又答不上來。

李浩仲也認為，雖然多數學生會因為緊張而怯場，但面試是判斷一名學生表達能力好不好的關鍵。過去系上某年也曾試著不要舉辦面試，結果發現光是憑著大同小異備審資料，實在很難判斷學生經歷與申請動機真偽。對他而言，面試不僅僅可以知道學生的性格，也能看出他們對於科系是否有真正的瞭解與高度興趣。建議學生事前把握時間多練習，熟悉面試的節奏，不要因為害羞而被扣分。

關秉寅則建議，面試時展現真誠很重要，如過去就曾遇到學生其實比較適合念中文，但或許是受到家長壓力來申請社會系，最後面試現場反而變成教授們鼓勵該名學生勇敢去選擇自己真正感興趣的中文系。

從備審資料到面試，大學教授是怎麼挑學生的？

臺大農業經濟系助理教授陳暐直指，教授一般來講只關心兩件事：

一、是學生申請動機，

二、是為何系上要收你？

只要能夠說服面試官，自己的申請動機比他人強烈，且系上有割捨不了你的理由，自然可以很輕易地在眾多競爭者中脫穎而出。

擠破明星科系窄門
反忽略自身真正興趣

「過去二十年來，臺灣高中生一窩蜂的想要擠進醫學系、電資學院，好像只有走這兩條路，在臺灣才能成功。」陳暐感概，當聰明的學生通通被丟進了熱門領域，未來在就業上表現好是理所當然。

然而事實上，並非只有當醫生或工程師才有好未來。陳暐就舉例，過去曾經接觸過的中一女中數理資優班學生，念了自然組後才發現自己不喜歡，轉組考上臺大財金系，雖然在系上與在校的表現

並非極端傑出，但她畢業後到香港實習，最後再被實習單位錄用，外派回臺灣的投銀分公司，收入完全不輸理組生，還更早開始職涯。

與其收取成績最頂尖的學生，陳暐認為，大學教授更看重的是學生多元組成。對於學科表現相差不大的申請者而言，不一樣的學生，自然能帶給系上更多不同的刺激。此外，表現潛力也會是教授收學生的重點，畢竟一旦收進來的學生素質好，不僅教學容易，未來也能培育出較多傑出系友，對於該科系的名聲自然有更上一層的幫助。

因此在科系選擇上，陳暐建議，與其一窩蜂的角逐明星科系，卻說不出申請理由、展現不出個人特色。

建議高中生不如花點時間靜下心仔細想想：自己真正感興趣的領域為何？

尤其受惠於現代科技進步、網路資訊發達，加上在少子化影響下，家長對學生願意投入的資源較多，陳暐認為，只要在申請時能花點時間做功課，上網蒐集資料，絕對有機會能找到適才適所的領域。從經濟學的角度來看，找到自己的比較利益比絕對利益更重要。

除了人人都唾手可得網路資源外，陳暐建議，想要進一步深入認識科系的學生，可以先去該校系網站找出大一必修課的內容，甚至可以去圖書館借出必修課使用的課本，翻一下緒論寫寫讀書摘要。看似簡單的功夫，絕對有助於學生在面試時答出與眾不同的內容。如果可以再把大一必修課內容與高中學生所學結合或對比，深度絕對加強不少。

回顧過去十年來參與甄選經驗，陳暐坦承，高中生在面試應答上，「沒有太大改變」。通常面試一開始的一分鐘自我介紹，最常出現的答案開場白是：我來自中產家庭、交代一下家人的職業，很

快就佔去了 40 秒。

陳暐表示，如果家庭背景與申請科系有關係，在自我介紹中提出並無不妥，可惜的是，多半的學生家庭背景，都是與申請動機毫無相關，或是硬要拉上關係而已。

找出強烈申請動機
嶄露個人特色

陳暐強調，無論是書面資料還是面試應答，其實大學教授只在意兩件事：

「你為什麼要來？」與

「我為什麼要收你？」

建議高中生在準備時，可以朝這兩大方向思考練習。然而，陳暐也提醒，無論是申請動機還是展現個人特長，千萬不要只是一味的參考前人的答案，最後不僅落於俗套，更會讓大學教授輕易看穿這類答案並不真誠。在後續的 Follow-up 追問上，反而容易讓考生陷入難以招架的困境。

陳暐舉例，許多申請醫科的學生，被問及申請動機時，答案不外乎是：家裡有長輩生病、爸爸是醫生、從小就很有愛心想拯救人。在經濟系的面試裡頭，陳暐也經常看到考生申請動機強調：爸媽是公司主管。他解釋，這類型答案或許不是假的，但當多數人都能這樣回答時，個別申請者的特色，便難以凸顯出來。

在陳暐接觸過的高中生當中，曾經有一名新竹女中的重考生，在提出申請動機時，表達自己高中時因為參加桌遊社，對於玩桌遊

的各種背後策略感到好奇，進而發現自己對於人類如何「做決定」產生興趣。事實上，許多世界知名的桌遊也確實都是由經濟學家或數學家所設計。最後，這名學生即使口條普通、成績中上，但因為申請動機強烈有特色，最終如願錄取上榜。

　　陳暐也以自己當時升大學面試經驗為例，從臺北市和平高中畢業的他，並非出身明星高中，但他深知如何將「劣勢轉換成優勢」道理，將準備重心放在申請動機上，強調自己雖然很喜歡數學，但對自然科學領域想要解決的問題沒興趣，反而比較關注數學如何應用於社會上，以說故事方式精心包裝申請動機，自然容易讓考官眼睛一亮。

　　在陳述申請動機時，陳暐提醒，千萬要發自內心別說謊，畢竟高中生不善於演戲，一旦刻意說謊，經驗老道的大學教授很輕易就能拆穿。他建議，學生可以先條列出可能的動機，再刪除可能不是那樣恰當的原因，或者透過修飾與進一步演繹，真誠且誠摯的表達申請動機，反而能讓面試官看出這名學生不是亂槍打鳥，而是在做決定的背後深思熟慮。

　　他舉例，許多人想念醫科是因為就業上可以有比較高的收入，但與其避談背後真實的原因，或是只說為了賺大錢，考生不妨進一步想想自己為什麼想賺大錢？如果可以說出自己希望賺這麼多錢要做什麼？如何運用醫生的高收入回饋社會等，對他而言，依然會是個有說服力的答案。

練習表達有邏輯
讓回答更有深度

　　至於在表達能力方面，陳暐表示，無論是哪個領域科系的教授，

都會看重學生有無邏輯，能夠透過書面資料或口語表達把事情講清楚的能力。然而他也坦承，臺灣學生普遍缺乏邏輯能力，即使是臺大學生，在簡報時的程度也不是很優秀。反過來說，一旦高中生就能展現基本程度的敘事邏輯，便會是很大的加分項目。

例如在自我介紹準備上，陳暐建議，申請人在第一句開場白可先破題，抓住「你為什麼要來？」與「我為什麼要收你？」兩大重點，句型可以是：我是 XXX，我想來念 XXXXX 系是因為 XXXXX，我認為貴系應該收我的原因是 XXXXX。

破題之後再逐一有條有理的舉出具體事證，輔助說明自己的申請動機與個人特色。

而在面試最後，大學教授通常會反問考生有無任何問題？比起直接說沒有，陳暐認為，這時反而是學生展現對於該科系好奇心的最佳時刻。畢竟大學教授的主要工作都是做研究，喜歡會問問題的學生。而在問題選擇上，陳暐提醒，切記詢問自己就可以找到答案的問題，建議可以在研究科系過程中，紀錄現有資源找不到答案，但又真心產生好奇的疑問。

他舉例，越來越多醫學相關科系畢業後朝向自己開業，但在自行開業上所需要的專業能力相當多元，包含行銷、經營管理等，絕非單純醫學專業知識可以滿足。因此考生如果可以提問，針對畢業後有意自行開業的學生，系上可以提供哪些資源或協助？不僅可以呈現學生對於進入該領域有高度興趣，也能展現蒐集資料過程中的職涯探索。

在回答面試問題時，陳暐觀察，受限於表達能力，多數考生回答問題太短，有些則是落落長但沒有重點，難以給出簡潔有力的答

案。即使有些教授雖然會追問，但結果多半令人失望。久而久之有的教授乾脆直接跳下一題，讓學生錯失展現自己的機會。對此陳暐建議，考上在準備面試時，應記住固定的回答架構，第一句話先清楚表達論點，緊接著在提出支持的理由，有必要時再進一步闡述細節。

除此之外，面對專業性的問題，陳暐表示，高中生很容易「不懂裝懂」，但大學教授則多半抱持著「知之為知之，不知為不知」的想法。因此，與其不懂卻胡亂作答，不如大方承認自己不會。舉例來說，當高中生被問及如何解決臺灣目前缺水問題時？即使內心沒有想法，仍可先分析拆解問題，告訴面試官缺水問題涉及供給與需求，因為下雨不夠導致供給少於需求。在承認自己不知道如何在難以提升供給情況下，降低民眾用水需求，或是提出宣傳節約用水、分區限水等簡單答案。

另一個學生在面試時常見的問題，則是缺乏輔助說明的具體事證。陳暐舉例，許多學生在自我介紹時喜歡講自己的個性，例如申請企管系的學生經常強調自己有領導力、有主見等，但與其說自己有領導力，不如告訴面試官，自己過去曾經在哪些校內外活動或社團時做了哪些與領導力相關的事情，舉出實例。

在陳暐過去的申請經驗上，當他提到自己對行銷有興趣時，緊接著就會舉例，告訴考官自己在高中時很喜歡看漫畫，因為想要蒐集一套 1980 年代初期的絕版漫畫，透過奇摩拍賣尋找，過程中發現有利可圖。開始透過與不同買家購買、蒐集成套漫畫後，經過清潔整理再上網，可以賣到翻了 1.5 倍的好價格。

最後，在許多高中生關心的面試穿搭上，陳暐則認為，一般大學教授平常在校園接觸到的大學生穿搭，可以當成高中生面試衣著

參考。許多高中生在參加面試時常常 overdressed（打扮過度），就像小孩子穿大人衣服，不僅沒有必要，反而讓雙方都感覺奇怪不自在。

大學教授的面試 Tips：

找出真正的申請動機並以故事包裝。

設法呈現出自己與眾不同特色。

回答問題簡潔有力並事實佐證。

花時間瞭解該科系的大一必修課內容。

即使內心再緊張也要設法擠出笑容。

沒有必要穿著過度正式服裝。

國家圖書館出版品預行編目資料

迎戰新課綱超高效讀書法/劉駿豪著. -- 一版. -- 臺北市 : 商周出版 : 英屬蓋曼
群島商家庭傳媒股份有限公司城邦分公司發行, 2022.10
　　面；　公分. -- (全腦學習 ; 32)
　　ISBN 978-986-5482-40-4(平裝)

　　1.讀書法 2.學習方法

019　　　　　　　　　　　　　　　　　　　　110003721

線上版讀者回函卡

全腦學習 32

迎戰新課綱超高效讀書法：

31 位 108 課綱第一屆、錄取醫科考生的最實用讀書法大公開

作　　　者/劉駿豪
企 劃 選 書/黃靖卉
責 任 編 輯/彭子宸

版　　　權/吳亭儀、林易萱、江欣瑜
行 銷 業 務/周佑潔、黃崇華、賴玉嵐、賴正祐
總 編 輯/黃靖卉
總 經 理/彭之琬
事業群總經理/黃淑貞
發 行 人/何飛鵬
法 律 顧 問/元禾法律事務所 王子文律師
出　　　版/商周出版
　　　　　　臺北市 104 民生東路二段 141 號 9 樓
　　　　　　電話：(02) 25007008　傳真：(02)25007759
　　　　　　E-mail：bwp.service@cite.com.tw
　　　　　　Blog：http://bwp25007008.pixnet.net/blog
發　　　行/英屬蓋曼群島商家庭傳媒股份有限公司城邦分公司
　　　　　　臺北市中山區民生東路二段 141 號 2 樓
　　　　　　書虫客服服務專線：(02)25007718；(02)25007719
　　　　　　服務時間：週一至週五上午 09:30-12:00；下午 13:30-17:00
　　　　　　24 小時傳真專線：(02)25001990；(02)25001991
　　　　　　劃撥帳號：19863813；戶名：書虫股份有限公司
　　　　　　讀者服務信箱：service@readingclub.com.tw
　　　　　　城邦讀書花園：www.cite.com.tw
香港發行所/城邦（香港）出版集團有限公司
　　　　　　香港灣仔駱克道 193 號東超商業中心 1 樓
　　　　　　E-mail：hkcite@biznetvigator.com
　　　　　　電話：(852) 25086231 傳真：(852) 25789337
馬新發行所/城邦（馬新）出版集團【Cite (M) Sdn. Bhd. 】
　　　　　　41, Jalan Radin Anum, Bandar Baru Sri Petaling,
　　　　　　57000 Kuala Lumpur, Malaysia.
　　　　　　Tel: (603) 90563833 Fax: (603) 90576622
　　　　　　Email: cite@cite.com.my

封 面 設 計/李東記
版 面 設 計/林曉涵
內 文 排 版/邵麗如
印　　　刷/韋懋實業有限公司
經 銷 商/聯合發行股份有限公司
　　　　　　地址：新北市 231 新店區寶橋路 235 巷 6 弄 6 號 2 樓
　　　　　　電話：(02) 2917-8022 Fax: (02) 2911-0053

■ 2022 年 10 月 11 日初版一刷　　　　　　　　　Printed in Taiwan
ISBN 978-986-5482-40-4　　eISBN：9789865482688 (EPUB)
定價 370 元

城邦讀書花園
www.cite.com.tw